シリーズ
繰り返す自然災害を知る・防ぐ

古今書院

シリーズ繰り返す自然災害を知る・防ぐ
刊行にあたって

　2005 年 11 月『シリーズ日本の歴史災害　第一巻　手記で読む関東大震災』を皮切りに、全 6 巻からなるシリーズ日本の歴史災害を古今書院は刊行した。このシリーズの巻頭言で、執筆者でもあり企画者でもある小林芳正京都大学名誉教授は、つぎに引用するようにその趣旨を述べた。今回のシリーズはその趣旨を継承するものである。

　　　　　　前シリーズ日本の歴史災害　巻頭言より一部抜粋

「天災は忘れたころに来る」という警句は、寺田寅彦のものだといわれている。災害が頻発するので「災害は忘れられないうちに来る」などという人もこの頃はいるようだが、これは取り違えであろう。災害とは、単なる自然現象ではなく、本質的に社会的な現象で、過去の教訓を忘れたときに起こるものだとの戒めだからである。
　この意味で過去の災害の教訓は社会に定着しているだろうか？　われわれは、ほんの少し前の災害の実相も簡単に忘れてしまってはいないだろうか？
　筆者は長年、災害調査・研究に携わってきたが、先人の被災経験が人々にあまり活かされていないことを繰り返し体験してきた。「こんなことはお爺さんからも聞いたことがなかった」というせりふを何度聞かされたことか！
　先祖たちの痛切な体験がたちまち風化して子孫に伝わらないのは悲しいことである。
　科学者の行う災害の分析や理論化は間違っていないとしても、多くの場合、一般市民に訴える力が足りないのではあるまいか？　知識は人々の心に響いてこそはじめて防災力の向上につながる。その意味で、災害研究者としての筆者も、自身の無力を認めざるを得なかった。そして「理論としての防災知

識」を「実感できる防災知識」に脱皮させる必要を感じてきた。それはいつか自分がやらなければならないと考えてきた。

「シリーズ日本の歴史災害」はこのような意図から生まれたものである。そのきっかけは、筆者がかつて奈良県十津川村を訪ねて明治22年の大水害その記録「吉野郡水災誌」に接したときにさかのぼる。これこそこのような力を持った文書だと直感した。事実としての災害経過の記述の中から災害の生々しい実態がひしひしと伝わってきたからである。これはぜひ多くの人々に見てほしいと思った。

　全6巻のこのシリーズは、第1巻「昭和二年北丹後地震」（蒲田文雄著）
　第2巻「十津川水害と北海道移住」（蒲田文雄・小林芳正著）　第3巻「濃尾震災」（村松郁栄著）第4巻「磐梯山爆発」（米地文夫著）　第5巻「手記で読む関東大震災」（武村雅之著）　第6巻「昭和二八年有田川水害」（藤田崇・諏訪浩編）が刊行された。

　つづく第二弾として、先の巻頭言で述べられた趣旨をどういうかたちで実現したらよいか、そのような課題をかかえていた矢先、津波防災の研究者であり体験に基づく啓蒙者としていくつもの著書のある山下文男先生が、趣旨にぴったりの原稿を用意して現れた。もちろん先のシリーズがあったからこそであるが、山下先生との意見交換もして、先のシリーズの趣旨を継承しつつ、また反省も踏まえ、新たに今回のシリーズを立ち上げることにした。

　自然災害と防災に関する本は多くあるが、古今書院では、「自然災害を知る・防ぐ」（大矢雅彦・木下武雄・若松加寿江・羽鳥徳太郎・石井弓夫著1989年4月刊、第二版は1996年10月刊）があった。この本の初版には伊勢湾台風のときに高潮災害の範囲を予測した「木曽川流域水害地形分類図」が添えられて、版を重ねた。この本そして、この書名は、早稲田大学総合科目を担当なさった著者たちのコミュニケーションから生まれものだが、その趣旨は、「自然災害から身を守るには、国任せばかりでなく、一人ひとりの防災知識が身を守る。ハードな防災対策でなく、ソフトな防災をまず個人レベルで身につけよう」という一貫した主張を通したものであり、いま、盛んに叫

ばれている「安心・安全の…」標語や「防災教育」などの言葉がまだ盛んになる前のことであった。

　今回のシリーズは、これらを踏まえて、自然災害にたいする心構えをどう育成するか、その教材として過去の災害にテーマを求めている。これまで多くの自然災害に関する調査研究がなされてきた蓄積を活かして、繰り返される自然災害にどう対応したらよいか。先のシリーズの趣旨に加え、「自然災害を知る・防ぐ」の趣旨をも合わせて構成し、ここに「シリーズ繰り返す自然災害を知る・防ぐ」全9巻を刊行する次第である。

古今書院編集部

火山災害復興と社会
―平成の雲仙普賢岳噴火―

高橋和雄・木村拓郎著

シリーズ
繰り返す自然災害を知る・防ぐ
第3巻

古今書院

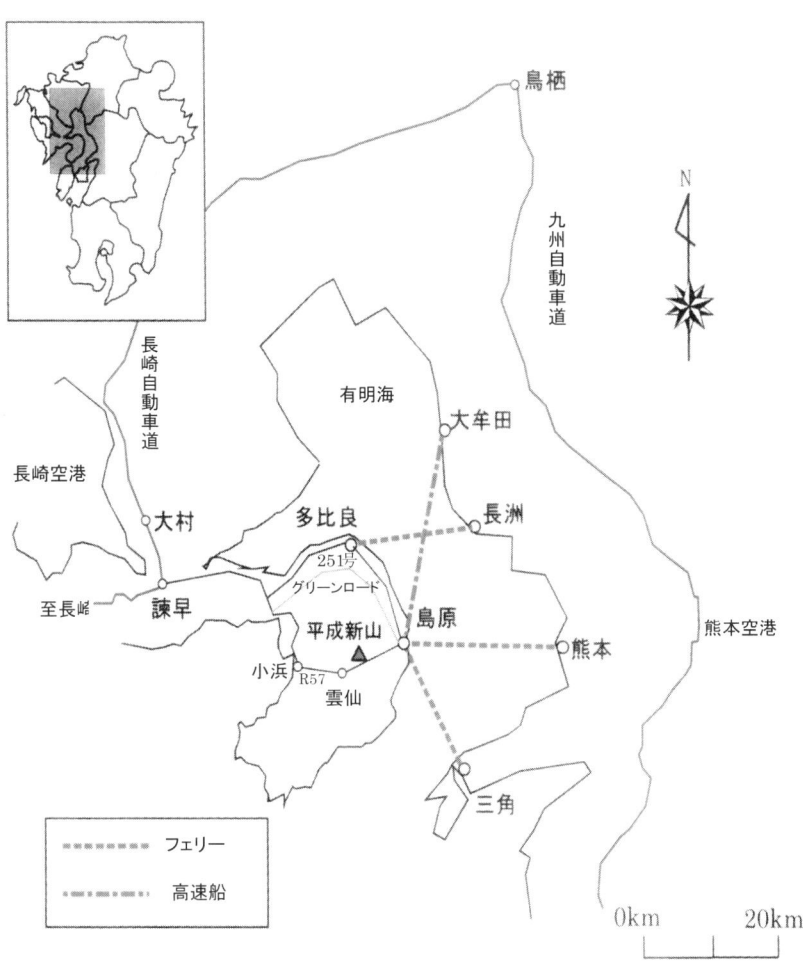

口絵 1　島原市の位置

viii

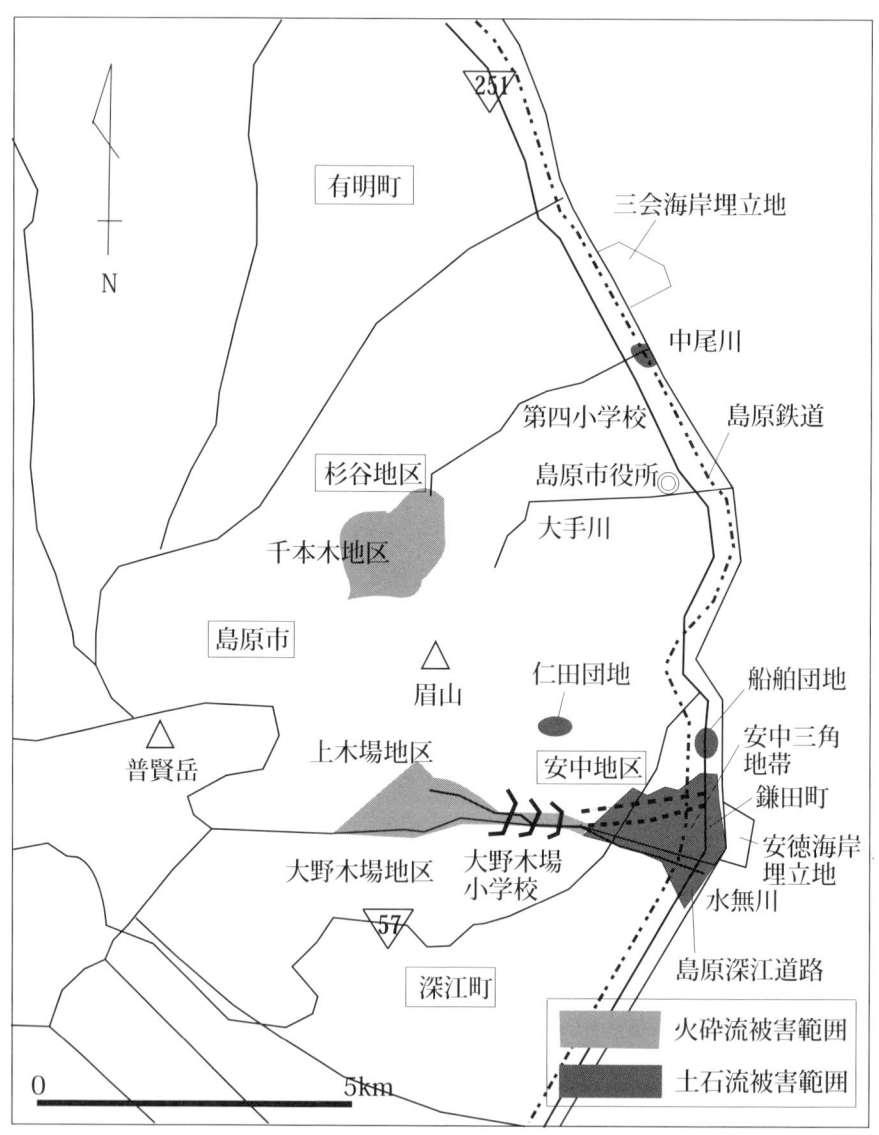

口絵2 被災地周辺地図（1995年当時）

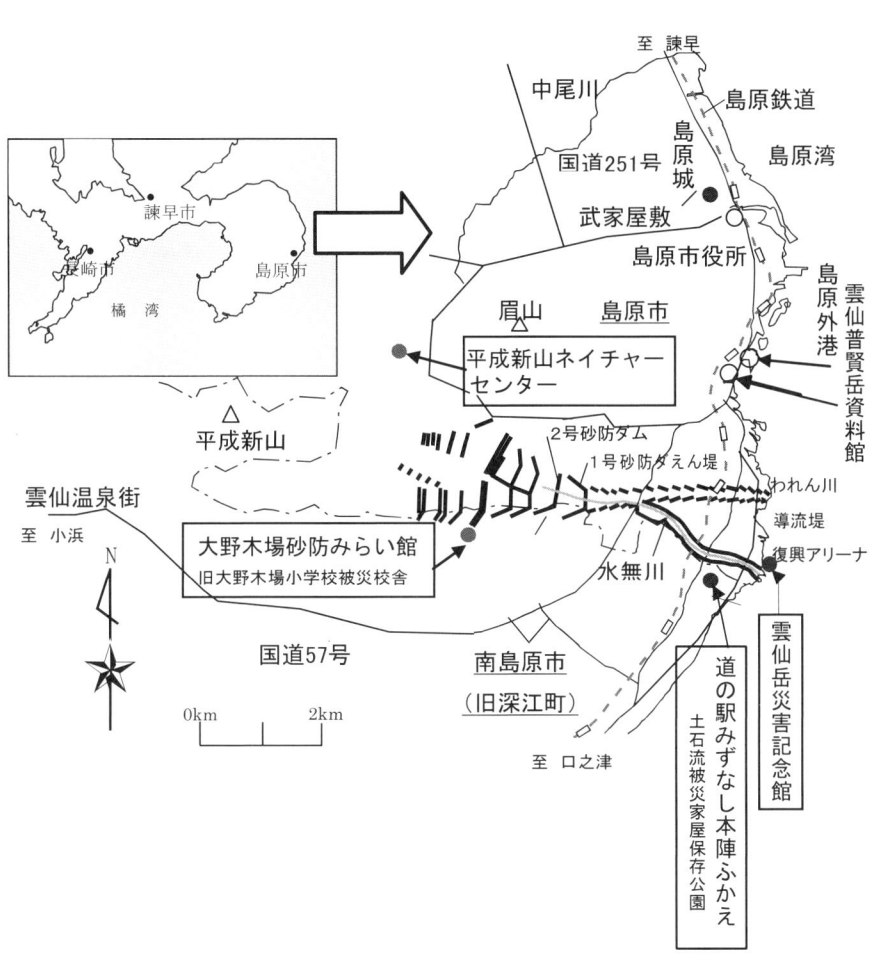

口絵3　島原地域の火山災害学習施設の位置（2004年当時）

口絵4 雲仙普賢岳の火山災害および復興の経過（2008年まで）

年	噴火活動など	防災事業	地域の対応	復興体制・復興計画
1990	・198年ぶりに噴火（11.17）			
1991	・再噴火（2.12） ・水無川で土石流発生（5.15） ・火砕流発生（6.3,8） ・水無川で土石流発生（6.30） ・火砕流発生（9.15）	・既設砂防ダム5基の緊急除去に着手（5.18）	・上木場復興実行委員会発足（7.8） ・島原生き残りと復興対策協議会発足（8.20）	・長崎県雲仙岳災害復興室設置（7.22）
1992	・水無川で土石流発生（8.8 - 15）	・水無川水系の砂防治山施設計画基本構想公表（2.22） ・砂防施設計画基本構想の見直し（10.13） ・砂防用地の基本価格の提示（12.22）	・島原生き残りと復興対策協議会東京陳情（1.25 - 28） ・安中地区町内会連合会連絡協議会内に災害対策委員会設置（4.17）	・島原市災害復興課設置（1.1） ・島原市復興計画策定着手（10.19）
1993	・水無川と中尾川で土石流発生（4.28 - 5.2） ・以降8月20日まで頻発（6.23） ・中尾川方面に火砕流発生（8.19 - 20） ・眉山第六渓で土石流発生（8.20）	・水無川災害復旧助成事業採択（1.26） ・建設省雲仙復興工事事務所開設（4.6） ・仮設導流堤着工（8.6） ・中尾川砂防治山構想公表（12.20）	・安中地区の3町内会、安中三角地帯の嵩上げ事業の陳情（3.24） ・安中三角地帯嵩上げ事業推進協議会発足（6.30） ・安中三角地帯嵩上げ総決起集会（7.25）	・島原市災害復興シンポジウム（1.31） ・島原市災害復興計画決定（3.24） ・深江町復興計画決定（5.26） ・長崎県雲仙岳災害島原半島復興振興計画（12.28）
1994	・湯江川方面に火砕流発生（2.6）	・無人化試験施工開始（3.1） ・仮設導流堤完成（7.31） （警戒区域内有人施工） ・3号遊砂地無人化除石開始（10.1） ・恒久導流堤着工（10.1）	・上木場復興実行委員会解散（8.31）	
1995	・噴火活動の停止（5.25）	・水無川1号砂防ダム着工（10.28）		・第五次島原市勢振興計画決定（4.27） ・島原市復興計画改訂版公表（5.18）
1996	・最後の火砕流（5.1）	・長崎県、島原市、深江町が災害対策本部を解散（6.3）		・島原市と小浜町が溶岩ドームを「平成新山」と命名（5.20）
1997				・島原地域再生行動計画（がまだす計画）公表（3.31） ・島原鉄道が4年ぶりに全線開通（4.1）

年	噴火活動など	防災事業	地域の対応	復興体制・復興計画
1998		・水無川1号砂防ダム完成（2.19） ・安中土地区画整理事業開始（3.20）		
1999		・島原深江道路全線開通（2.20） ・国道57号の水無大橋開通（3.16）		・旧大野木場小学校の被災校舎を一般公開（3.30） ・道の駅みずなし本陣ふかえ（土石流被害家屋保全公園）オープン（4.1） ・科学技術庁などによる普賢岳の科学掘削開坑式（12.6）
2000		・安中三角地帯嵩上げ事業完工（3.26） ・千本木1号砂防ダム、水無川2号砂防ダム竣工（3.26）	・安中三角地帯に最初の住宅着工	・島原復興アリーナオープン（9.1）
2001		・水無川流域に導流堤（長さ5.2km）完成（3.20）		
2002		・安中土地区画整理事業完成（3.23）		・雲仙岳災害記念館開館（7.1） ・大野木場砂防みらい館開館（9.15）
2003		・平成新山フィールドミュージアム構想策定（3.17）		・平成新山ネイチャーセンター開館（2.5）
2004				・雲仙科学掘削プロジェクト完了（7.6）
2005				
2006				
2007				・第5回火山都市国際会議島原大会（11.18－22）
2008				・島原半島ジオパーク国内第1号に決定（10.20）

はじめに

　1990年11月に始まった長崎県雲仙普賢岳の火山災害は1995年2月まで継続した。1991年5月から土石流と火砕流による災害が頻発した。火砕流が発生してからの避難は不可能であることから、火砕流に対して人命の安全を確保するために災害対策基本法第63条に基づく警戒区域が人家や商工業が密集する市街地で初めて設定された。この警戒区域の設定により人命の確保はできたが、避難生活の長期化により農業や商工業などの生業に就けないこと、通勤・通学上の支障、住宅や田畑などの個人の財産や交通施設やライフライン施設などの維持管理、土石流対策などの防災対策に着手できないという状況が続いた。観光客の減少や買い物客の島原離れによる商工業などの間接被害が増大したため、火山災害の影響が被災地のみならず、島原半島全域に影響を及ぼした。また人口の流出や経済活動の低下などの影響が生じた。

　災害救助法などの現行法だけでは対応できないため、現行法の弾力的運用や特別措置で被災者対策がなされた。さらに、国の施策だけでなく、長崎県によって設立された（財）雲仙岳災害対策基金および義援金を原資とする島原市（合併前の島原市を指す。2006年1月1日に有明町と合併）と深江町（現南島原市）の義援金基金によって制度の谷間を補完してスムーズな被災者の生活再建支援がなされた。

　火山災害によって、集落消失や道路・鉄道などの社会基盤が壊滅的な被害を受けた場合は、単なる原形復旧ではなく復興が必要である。島原市と深江町は生活再建、防災都市づくり、地域の活性化の3本柱からなる1993年の復興計画によって、国・県の復興事業を安全の確保のみならず、住民の生活再建、地域の活性化の立場から相互調整し、空白領域を補った。地元の復興計画は長崎県や国の復興計画や事業計画に反映され、面的な整備、役割分

担の明確化に役立った。

　しかし、ハード事業では事業間の調整や弾力的な運用は容易ではなかった。この背景には、噴火活動が継続し、災害の規模が確定しない中での事業計画の策定、整備であったことがある。また、道路、河川、砂防、農地、住宅地、商工業に対する担当部署が異なること、事業着手時期が異なることなどで、被災地全体を視野に入れた面的・一体的整備は十分に検討されなかった。災害復興では、土地区画整理事業のような面的整備手法が少ないことや火山地域ではそもそも都市計画区域がないことから都市計画事業に乗らないという制約もある。

　また、地域から提案される多様な復興提案を面として検討する計画論が採用されなかった。復興提言は基本的には面としての提案であった。もちろん、一つの提案を採用することができれば、面的な整備ができる。しかし、被災地域全体についての復興計画の提案は不可能に近い。このようなことから、多くの提案をキーワードに分解して、これを再構成して面としての計画にする手法が採用された。地域の自然環境、土地利用、社会条件に合うようにゾーニングし、適合するキーワードを当てはめる手法である。この手法を採用した場合には、新たな面的整備の提案があっても、キーワードに分解すると新たな提案としての新規性が失われて、アピールするところがなくなり、反映されにくい側面を持つ。また、整備時期が異なることや追加事項をどのように処理するかも課題であった。

　以上のような制約や適切な整備手法がない復興事業もあるため、個別に役割分担や補完しながら復興事業が進められた。また、行政は使い慣れた事業を活用することは得意であるが、雲仙普賢岳の火山災害のような前例のない災害の復興、特に安中三角地帯の嵩上げ事業や事業間の抜本的な調整が必要な場合には、対応能力が低かったのも事実である。このような制約をカバーしたのが、一連の復興計画とこれを補完した本書で紹介する砂防指定地の利活用や平成新山フィールドミュージアム構想などであった。

　本書は、雲仙普賢岳の火山災害の概要を紹介する[1),2)]とともに、被災者の住宅再建、安全のための事業制度、面的整備の手法、ネットワークの形成、

防災施設の利活用などについての課題を分析・検討し、システムの提案やユーザーである地域住民、商工関係者および観光客の評価、災害教訓の継承を取りまとめたものである。これによって、火山噴火と社会の対応について考察する。

　雲仙普賢岳噴火の後にも2000年有珠山噴火、2000年三宅島噴火などで現代の火山災害の教訓が多く示された。噴火予知、土地利用、防災事業、避難対策、商工業対策、個人の生活再建などについて、まだ積残しの課題も多い。

　本書の指摘する課題や解決方策が今後の火山を含めた災害対策に役立つとともに、対策のシステム化に寄与することを期待する。

目　次

はじめに

第1章　雲仙普賢岳の火山災害とは　　1

1　有史後の雲仙における火山災害　　1
2　1990－1995年噴火の推移　　1
3　災害の経緯と災害への対応　　2
4　被害の概要　　4
5　危機管理、情報伝達および報道　　6
6　被災者対策と生活再建　　8
7　復興・振興計画　　12

第2章　火山災害と住宅・集落再建の課題　　16

1　まえがき　　16
2　火山災害による住宅の被害　　17
　（1）災害の経緯　　17
　（2）災害復興対策（住宅再建関連）の経緯　　19
3　上木場地区の復興活動と再建意識の変化　　21
　（1）砂防構想発表以前　　21
　（2）砂防構想発表から用地買収基準単価提示以前　　21
　（3）基準価格提示以降　　21
4　住宅再建プロセスに関するアンケート調査　　23
　（1）被害と帰郷断念　　23
　（2）再建時の課題　　25

（3）住宅再建費　　　　　　　　　　　　　　　　28
5　集落再建プランの崩壊のプロセス　　　　　　　　　　30
　　　（1）分散再建のプロセス　　　　　　　　　　　　30
　　　（2）土地喪失と生活再建　　　　　　　　　　　　33
　　　（3）災害の長期化　　　　　　　　　　　　　　　33
　　　（4）再建資金に関する課題　　　　　　　　　　　35
6　住宅再建・新集落構築に向けての提言　　　　　　　　37
　　　（1）集落再建プランの崩壊の要因　　　　　　　　37
　　　（2）新集落の構築のために　　　　　　　　　　　38
7　まとめ　　　　　　　　　　　　　　　　　　　　　　40

第3章　安中三角地帯嵩上げ事業に見る住民の合意形成過程　　42

1　まえがき　　　　　　　　　　　　　　　　　　　　　42
2　安中三角地帯嵩上げ事業の経過　　　　　　　　　　　44
3　嵩上げ事業に関する住民アンケート調査　　　　　　　47
　　　（1）アンケート調査の概要　　　　　　　　　　　47
　　　（2）現在の居住地と自宅の被害　　　　　　　　　42
　　　（3）合意形成のプロセス　　　　　　　　　　　　48
　　　（4）嵩上げ事業に対する評価　　　　　　　　　　52
　　　（5）住宅再建の意向　　　　　　　　　　　　　　52
　　　（6）安中三角地帯のまちづくり　　　　　　　　　54
4　合意形成の過程に関する考察　　　　　　　　　　　　54
　　　（1）時期別住民意識の変化　　　　　　　　　　　54
　　　（2）合意形成の考察　　　　　　　　　　　　　　56
5　安中三角地帯嵩上げ事業システムに関する考察　　　　57
　　　（1）事業の実施体制　　　　　　　　　　　　　　58
　　　（2）土砂の確保　　　　　　　　　　　　　　　　58

| 6 | 嵩上げ事業の制度化の提案 | 59 |
| 7 | まとめ | 61 |

第4章　安中三角地帯の面的整備　62

1	まえがき	62
2	安中三角地帯の復興経過	62
3	安中・夢計画	64
4	復興基幹事業の間の調整と住民の評価	67
5	安中三角地帯居住者の住環境評価	69
	(1)　アンケート調査の概要	69
	(2)　回答者の属性	69
	(3)　嵩上げの出来具合と生活の利便性の変化	70
	(4)　安中三角地帯の生活基盤に必要な整備と生活環境の改善策	72
	(5)　島原深江道路周辺農地の土地利用のあり方	73
	(6)　農業について	74
6	まとめ	75

第5章　先駆的な砂防指定地の利活用　77

1	まえがき	77
2	砂防指定地利活用の経過	78
	(1)　災害復興計画における利活用の提案	78
	(2)　利活用構想の策定と整備計画	79
	(3)　水無川流域の利活用の進捗状況	82
	(4)　中尾川流域の利活用の進捗状況	89
	(5)　住民への啓発活動	92
3	砂防指定地利活用の地域への周知状況	93
4	砂防指定地利活用に関する観光客の反応	95

（1）　大野木場砂防みらい館を知った理由 ... 96
　　　（2）　大野木場砂防みらい館の印象 ... 97
　　　（3）　周辺整備のニーズ ... 98
　　　（4）　施設の維持管理費の負担について ... 98
　5　植栽活動の支援に関する観光客の反応 ... 99
　6　まとめ ... 100

第6章　火山災害学習体験施設の整備と　　102
　　　　　フィールドミュージアム化

　1　まえがき ... 102
　2　活火山地域の地域振興 ... 103
　3　火山災害の学習体験施設の整備 ... 104
　　　（1）　火山災害の学習体験施設の概要 ... 104
　　　（2）　平成新山フィールドミュージアム構想の概要 ... 107
　4　火山災害の学習体験施設を巡る観光客の動態・意識調査 ... 109
　　　（1）　島原市を訪れる観光客の現状と分析 ... 109
　　　（2）　火山災害の学習体験施設の入場者数 ... 112
　　　（3）　観光客の評価 ... 113
　5　観光支援策と商工観光業者の評価 ... 122
　　　（1）　商工観光業の現状と分析 ... 123
　　　（2）　商工観光振興支援策 ... 123
　　　（3）　商工観光業者の評価 ... 126
　6　まとめ ... 132

第7章　災害を経験した市民の復興および防災意識　134

　1　まえがき ... 134
　2　アンケート調査の概要 ... 135

3	復興・支援に関する市民の反応		136
	（1） 島原での生活について		136
	（2） まちづくりについて		138
	（3） 火山観光化について		142
	（4） これからの復興事業について		143
4	地域防災力に関する評価		144
	（1） 地区の状況および災害時の状況について		144
	（2） 災害時の避難対策について		146
	（3） 防災都市づくりについて		149
5	まとめ		154

第8章　火山災害と復興を世界に、次世代に　156

1	まえがき		156
2	第5回火山都市国際会議の島原開催		156
	（1） 開催のきっかけ		156
	（2） 第5回火山都市国際会議の内容		157
	（3） 第5回火山都市国際会議の開催に対する市民の反応		159
3	第三者から見た島原の復興評価		160
	（1） 調査方法		160
	（2） 調査結果		161
4	ジオパークへの登録		168
5	まとめ		169

第9章　雲仙普賢岳の火山災害に学ぶ　171

1	被災者対策		171
2	復興計画		171
3	災害復興における住宅および集落再建対策		173

- (1) 住宅・集落再建プロセス　173
- (2) 集落再建阻害要因の比較　174
- (3) 住宅・集落再建に向けての提言　175
- (4) 集団移転制度の抜本的見直しの必要性　176
- (5) 集落形成への十分な配慮　177
4 被災地の面的整備事業　178
5 砂防指定地の利活用　179
6 火山観光化の推進　180
7 火山災害と市民・災害伝承　183
- (1) 復興は住民が主役　183
- (2) 災害意識の伝承　183
- (3) 避難計画などの維持　183
- (4) 火山を抱える都市との交流　184
- (5) 被災者生活支援法の火山版の必要性　184
- (6) 島原で育った市民、行政関係者、報道機関関係者、研究者のネットワーク　184
- (7) 災害資料の保存と活用　185

参考文献　186

おわりに　188

第1章　雲仙普賢岳の火山災害とは

1　有史後の雲仙における火山災害

　雲仙火山は島原半島の主部を占める活火山で、多くの溶岩ドーム群からなる複成複式火山である。有史以降、1663（寛文3）年、1792（寛政4）年、1990－1995（平成2－7）年の3回の噴火があるが、いずれも主峰の普賢岳からの噴火であった。1663年寛文噴火では、普賢岳山頂付近の九十九島火口から噴火を開始し、北東山腹から溶岩を流出（古焼溶岩；噴出量約500万km^3）した。その翌年には東斜面に土石流が発生して三十数人が死亡した。1792年寛政噴火では、地獄跡火口から噴火後、北東山腹から溶岩を流出（新焼溶岩；噴出量約2,000万km^3）した。噴火停止ほぼ1箇月後に発生した地震により、東麓の眉山が大崩壊し、0.34km^{3}の岩屑が有明海になだれ込んだ。そのため、最大波高10mの大津波が発生し、死者1万5,000人に達する日本最大の火山災害となった。対岸の熊本県（当時の肥後国）でも被害は甚大で、「島原大変・肥後迷惑」として伝承されている。

2　1990－1995年噴火の推移

　1990－1995年の噴火は、約1年間の前駆的な地震活動の後に1990年11月17日の水蒸気爆発として始まった（口絵4参照）。噴火地点は九十九島火口と地獄跡火口の2箇所であった。その後、マグマ水蒸気爆発を経て1991年5月20日に地獄跡火口から溶岩を噴出開始、溶岩ドームが成長を始めた。5月24日には溶岩ドームの溶岩塊の崩落により普賢岳東斜面に火砕流が発生し、以後溶岩ドームの成長に伴い、火砕流が頻発するようになった。火砕流は計約6,000回発生したが、そのうち数回は流下距離が4kmを

越えた。溶岩噴出量は、最盛期には1日に30－40万 km^3 に達し、複数の溶岩体（ローブ）を形成した。1992年末には溶岩の噴出は一時ほとんど停止したが、1993年2月には復活し、以後増減を繰り返しながらローブや破砕溶岩丘を形成して、最終的には一つの巨大な溶岩ドームを形成した。1995年2月に噴火は終息したが、溶岩総噴出量は2億km^3 で、そのうち約半分が溶岩ドームとしてとどまり、残りは成長過程で崩落し、火砕流堆積物となった。

3　災害の経緯と災害への対応（口絵4参照）

　1990年11月17日の噴火確認直後に、小浜町（現雲仙市）は「普賢岳火山活動警戒連絡会議」を発足、長崎県は「災害警戒本部」を設置した。地元の島原市では198年前の眉山の崩壊に備えた避難計画に着手した。1991年春には降灰と降雨により土石流が発生するようになり、島原市は5月15日に水無川上流の住民に対し初めて避難勧告を実施、長崎県は5月24日に災害警戒本部を災害対策本部に切り替えた（島原市は5月18日、深江町は5月26日に設置）。さらに、5月24日には最初の火砕流が発生し、島原市災害対策本部は5月26日に火砕流からの危険に対し初めて避難勧告を出した。この火砕流では1人が負傷した。6月3日には火砕流が火口東方の水無川沿いに約4.3km流下し、島原市北上木場町（きたかみこばまち）で死者・行方不明者43人、建物約170棟の被害を出した。国は6月4日に平成3年雲仙岳噴火非常災害対策本部を設置した。また、島原市長は6月7日から、深江町長は6月8日からそれぞれ災害対策基本法第63条に基づく警戒区域を設定し、立入

表1.1　最大時の避難状況（1991年9月10日18時から15日正午まで）[1]

区分	警戒区域 世帯	警戒区域 人数	避難勧告 世帯	避難勧告 人数	計 世帯	計 人数	備考
島原市	2,028	7,134	19	74	2,047	7,208	警戒19町　避難1町
深江町	868	3,601	75	203	943	3,804	警戒4地区　避難1地区
計	2,896	10,735	94	277	2,990	11,012	

第 1 章　雲仙普賢岳の火山災害とは

写真 1.1　民家に迫る火砕流
1992 年 9 月 27 日　杉本伸一撮影

写真 1.2　建物の一階が埋没した土石流被災地　1993 年 7 月　高橋和雄撮影

りを制限した。その後、6 月 8 日には 6 月 3 日を上回る大火砕流が発生し、水無川沿いに約 5.5km 流下したが、警戒区域の設定により火砕流の範囲は無人状態であったため人的被害は免れた。以後も、6 月 11 日の噴石や 6 月 30 日の土石流、9 月 15 日の火砕流などにより、家屋などに大きな被害が出た（写真 1.1,1.2）。特に 9 月 15 日の火砕流では、深江町立大野木場小学校が焼失した。度重なる災害による警戒区域設定の長期化は、住民生活のあらゆる方面に深刻な影響を与えた（表 1.1）。1992 年には火砕流は南東方向へ多く流下し、しだいに赤松谷を埋めていった。1993 年に入ると、火砕流の流下方向は北東斜面のおしが谷や中尾川方面が多くなった。そして 1993 年 6 月 23 日の中尾川方向の火砕流では、島原市千本木地区の多数の家屋が焼失したほか、自宅を確認に行った市内の男性が全身やけどで死亡した。また、4 月から 7 月にかけて水無川および中尾川流域で土石流がたびたび発生し、多くの家屋に被害が出たのに加え、国道や島原鉄道が寸断されて島原市街地が一時的に孤立状態になった。

　1994 年には北方向の湯江川や三会川方面に初めて火砕流が流下した。1995 年 2 月には溶岩噴出が停止し、1996 年 5 月 1 日を最後に火砕流の発生は止んだ。このため、長崎県、島原市および深江町の災害対策本部は 1996 年 6 月 3 日に、国の非常災害対策本部は 6 月 4 日に解散した。しかし、

溶岩ドームは依然として不安定な状態で残っており、今後も地震や大雨などによる崩落の危険があることから、警戒区域については、範囲を縮小しつつも 2009 年現在でも設定が続けられている。

4 被害の概要

死者・負傷者のほとんどは火砕流によるものであり、犠牲者は防災関係者 12 人、報道関係者 16 人、報道関係者用のタクシー運転手 4 人、火山研究者 3 人、一般住民 7 人であった。また、発生と同時に危険を知らせようとした警察官 2 人も巻き込まれた（表 1.2）。

表1.2 雲仙普賢岳の火山災害の被災者（総計）[1]

職業	死亡者等	負傷者	職業	死亡者等	負傷者	合計	
消防団員	12 人		報道関係	16 人	2 人	死亡者等	44 人
警察官	2 人		火山研究者	3 人		負傷者	12 人
タクシー	4 人		一般人	7 人	10 人		

表1.3 雲仙普賢岳の火山災害における土石流、火砕流および噴石の発生状況[2]

被 害 区 分	回数	発 生 年 月 日
（1）土石流の発生	38回	
・水無川 （島原市、深江町）	22回	1991. 5. 15, 19, 20, 21(2回), 26, 6. 30 1992. 3. 1, 8, 15, 8. 12～13, 15 1993. 4. 28～29, 5. 2, 6. 12～16, 18～19, 22～23, 1993. 7. 4～5, 16～18, 8. 19～20 1994. 3. 7～8, 4. 12
・中尾川（島原市）	9回	1993. 4. 28～29, 5. 2, 6. 12～16, 18～19, 22～23, 1993. 7. 4～5, 16～18, 8. 19～20 1994. 4. 12
・湯江川（有明町）	2回	1991. 6. 30 (2回)
・赤松谷川	1回	1991. 6. 30
・土黒川（国見町）	1回	1991. 6. 30
・眉山（島原市）	3回	1993. 6. 18～19, 22～23, 8. 20
（2）火砕流の発生	7回	1991. 5. 26 (11:13頃より頻発), 6. 3 (16:08頃), 1991. 6. 8 (19:51), 9. 15 (18:42, 18:54), 1992. 8. 8 (10:00頃), 1993. 6. 23 (2:52, 11:14), 6. 23 (1:15)
（3）噴石の発生		1991. 6. 11 (23:59)

表 1.4 被害額（推計値を含む）（参考文献 2 から引用）
（1996 年 3 月 31 日での判明分）

区　　　　分	直接被害（千円）	間接被害（千円）	合計（千円）
農林水産施設被害	18,026,150		18,026,150
公共土木施設被害	33,073,677		33,073,677
農畜産物被害	20,881,498		20,881,498
商　工　被　害	16,810	153,726,960	153,743,770
そ　の　他	2,754,238	1,462,641	4,216,879
合　　　　計	74,752,373	155,189,601	229,941,974

一方、家屋被害は 2,511 棟にのぼったが、その過半数は土石流によるものであり、そのほかは火砕流による焼失がほとんどである。家屋被害には学校などの教育施設も含まれ、学校教育活動にも大きな影響を及ぼした（表1.3）。

表 1.4 に示すように、全体の被害額は、2,299 億円になっているが、このうち、商工業の間接被害が全体の 67% を占めた。噴火直後からの観光客の減少、国道の不通による買物客の減少などが主な原因とされている。災害が継続し、拡大したために被害額はその後も増加した。火山災害の長期化および警戒区域内の立入制限などのために、詳しい被害調査を行うには至らなかった。

1995 年の国勢調査によると、長崎県の人口は雲仙普賢岳の火山災害前の1990 年と比較して 17,952 人減少した。このうち島原半島全体で 9,337 人

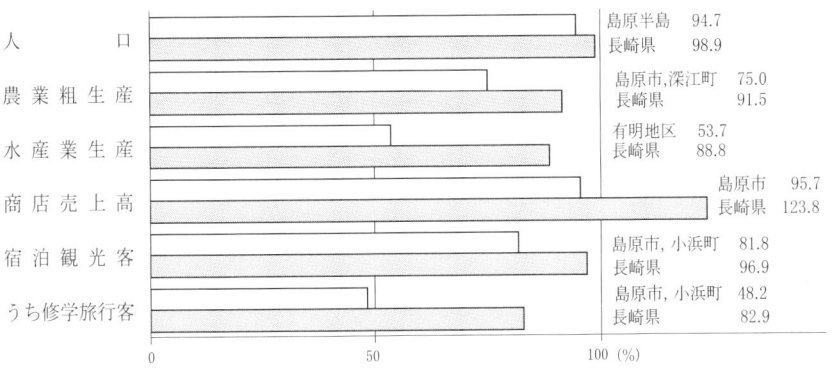

図 1.1　雲仙普賢岳の火山災害の地域への影響（1990 年を 100 とした場合）

の減少と全体の約半数を占め、またその半数を島原市と深江町 (島原市 4,048 人、深江町 545 人) が占めた。これは、雲仙普賢岳の火山災害によることが大きいと考えられる。図 1.1 に 1990 年を 100%とした場合の 1995 年の主要項目の割合を示す。島原市および島原半島では災害の長期化とともに、農業、水産業、商工業および観光業などの広い分野で影響が出ており、深刻な問題となった。火山災害による経済の停滞から脱却するために、波及効果の高い対策が望まれた。

5 危機管理、情報伝達および報道

噴火当時、雲仙火山には火山観測機関として気象庁雲仙岳測候所と九州大学理学部附属島原地震火山観測所 (以下九大観測所、現九州大学大学院理学研究院附属島原地震火山観測センター) があった。気象庁や火山噴火予知連絡会は、火山情報の提供はしても自治体の危機管理には関与する体制ではなかったため、自治体は九大観測所に頼らざるを得なかった。

1990 年 7 月普賢岳一帯で群発地震と火山性微動が検出され、九大観測所は 11 月文部省 (現文部科学省) に対し噴火の可能性を報告、17 日に噴火が始まった。島原半島 1 市 16 町は、災害対策本部または災害警戒本部を設置し、特に島原市は眉山の崩壊を最も警戒して避難計画の策定に着手した。噴火の形態として当初は溶岩流が想定され、降灰による土石流と地震による眉山の崩壊の危険性が懸念された。1991 年 5 月 15 日土石流が発生、順次避難勧告が出されたが、すでに防災行政無線が整備されていた隣町の深江町とは異なり、島原市では避難を呼びかける手段は広報車と消防車のみであった。土石流の発生はその後も相次ぎ、5 月 26 日にワイヤーセンサーが切断されて以降は、火砕流のため作業員が現地に近づけず、上流で消防団員が監視にあたることになった。

5 月 24 日の火砕流を目撃した研究者はなく、翌日テレビ局が撮影した映像が九大観測所に持ち込まれ、火砕流と公表するかどうかの議論が行われたという。最終的には「火砕流だが小規模」という形で公表された。26 日

には火砕流による負傷者が出たことで、九大観測所の助言を受けた島原市は、上木場地区住民に対しこれまでの土石流の発生を警戒してではなく、火砕流警戒の目的で初めて避難勧告を出した。しかし、この地域には昼間は家財道具を運び出したり農作業に当たったりする地域住民のほか消防団員や報道関係者、防災関係者および研究者が連日のように立ち入っていた。特にこの地域での報道関係者の取材は日増しに過熱していた。無人カメラによる迫力ある土石流の映像や、5月20日に初めて出現した溶岩ドーム、24日の初めての火砕流、夜の赤い溶岩などスクープ合戦が相次ぎ、報道関係者は普賢岳の正面に当たる定点と呼ばれる場所での固定撮影を開始し、多い時では100人近くの報道陣が上木場地区一帯にいたという。

　島原市は5月29日と31日に報道機関などに対し避難勧告地域（避難勧告は人に対して出されるが、ここでは対象地域を示す。法律用語ではない。）からの退去を要請した。消防団は退去の要請に応じたが、報道機関は応じず、さらに無人となった地域の留守宅で一部の報道機関により電気や電話が無断で使用された。このため、消防団は6月2日昼前、再び詰め所を上木場に戻した。そして翌3日午後4時8分頃の火砕流で死者43人を出す大惨事となった。

　6月3日以降は、長崎県知事の強力な主導の下で危機管理体制がとられ、6月7日以降は警戒区域の設定により、危険が予想される地域への立入りは厳しく制限された。警戒区域の設定は5日知事から島原市長に提案されたが、市長は住民生活への影響が大きすぎると断った。6日午前再び知事が要請した際も市長はいったんは断ったが、午後再び2人だけでの会談で、最終的に「住民の損失は国と県が協力して支援する」という知事の約束を文書にすることで合意したという。避難勧告地域や警戒区域は、火砕流の発生状況に応じ拡大・縮小が行われた。災害対策基本法に基づく設定権者は島原市長と深江町長であるが、火砕流に対して専門的知識に基づく判断ができないおそれがあった。また、地域の圧力から長いという理由だけで警戒区域を早期に縮小しかねないおそれもあった。

　このようなことから、知事の主導で九大観測所長が参加した事前調整が行

われ、自衛隊・警察・消防・海上保安庁などの警備機関を交えた会合で同意を得た上で、それぞれの市町災害対策本部が追認、決定する形をとった。

　自らも犠牲者を出し、消防団員の死は報道関係者の責任であるとされたことで、6月3日以降、報道機関はかなり慎重な姿勢に転じた。一方で警戒区域内の取材を一切放棄し、自衛隊撮影映像に頼る姿勢に対しては、フリージャーナリストからの批判も出された。こうした中で、報道関係者全体として被災地の住民との関係を構築しようと始まったのが『雲仙集会』である。毎日新聞労組や、長崎の報道関係各社の労組で作る実行委員会方式で、10年間にわたり、毎年6月3日前後に島原の地で報道関係者と市民が向き合った。

6　被災者対策と生活再建

　1991年5月15日の土石流発生以来、頻繁に避難勧告が発令され、北上木場農業研修所や南上木場町内公民館など、法に基づかない避難所の設置が行われたが、5月29日に災害救助法が適用となり、災害の拡大に伴い市体育館など、最大で16箇所の避難所が開設され、延べ166,718人を収容した。避難所には、近隣の自治体からの応援を含め3－5人の職員が交代で勤務し、統一的な避難所運営マニュアルにより避難所の管理に当たった。また、避難所は地域コミュニティの維持を基本とし、町内会単位などで振り分けた。

　避難生活の長期化に伴って、プライバシーのない避難所での生活を改善するために、チャーターした客船やホテル・旅館などへ家族単位で宿泊するなどの対応を行った。このことは、直接被害を受けていないが観光客など宿泊客が激減した旅館業救済の効果もあった。

　応急仮設住宅について法の基準による入居対象者は、経済的に自力で住居を確保できない無資力者であり、今回の火山災害でこの基準を満たす世帯はごく少数と考えられたが、長崎県は法の弾力的運用を国に要望していくとともに、建設準備に入った。通常の建設では、入居対象者を把握してから行うものであるが建設を先行させ、島原市に26団地988戸、深江町に10団地

467戸の建設を行い、最大利用時には1,444戸5,669人の避難者が利用した。これらの住宅は、災害の長期化に伴い設置期間を順次延長し1995年12月25日に最後の入居者が転居するまでの4年半にわたり使用された。

応急仮設住宅の利用が長期化するにつれて、居住する避難住民から、老人の憩いの場や児童・生徒の合同学習室および集会所設置の要望が出たため、空き室を利用した。また、応急仮設住宅の建設とともに、より多くの住宅の需要に対応するために、被災現地から離れた近隣市町にある公営住宅や雇用促進住宅などの空き室を利用し入居者の家賃や敷金は無料とした。このように、無料の応急仮設住宅に加え公的住宅の家賃も免除されたため、通勤の都合や乳幼児、病人などの理由によって自力で民間賃貸住宅に入居している世帯との均衡を図るため、雲仙岳災害対策基金の事業として住宅家賃の補助を行った。

避難生活の長期化に伴うメンタルケアについては、避難当初は慣れない集団生活と火砕流・土石流に対する恐怖などから不眠・肩こり・便秘などの異常を訴える人が多く、避難生活の長期化に伴ってストレスなど精神健康面の対策が必要となってきた。心の電話相談室の設置や、応急仮設住宅での訪問相談員による健康状態の情報収集を行い、精神科医や保健婦との連携作業が行われた。

生活支援としては、災害の長期化に伴う国による被災者など救済対策として必要に応じて積み上げられた多くの項目は21分野100項目にわたり、結果として生活支援のみならず、この火山災害に関する災害対策・救済措置の集大成となった。民生対策には、警戒区域などに住居を有するものに対する生活安定再建資金の貸付や長期避難者に対する食事供与事業のように、今回の災害で新たに創設された措置が含まれている。しかし、今回の災害は終息の見通しが立たない前例のない災害であり、被災者救済のための特別立法を求める動きなどがあったが、それに代わるものとして雲仙岳災害対策基金が設立された（図1.3）。当初5年間の基金は、県からの出捐金30億円、貸付金540億円および義援金の一部60億円を積み立て、それを運用して生じる利息などで事業が実施された。基金の特色は、国や地方公共団体が直轄事

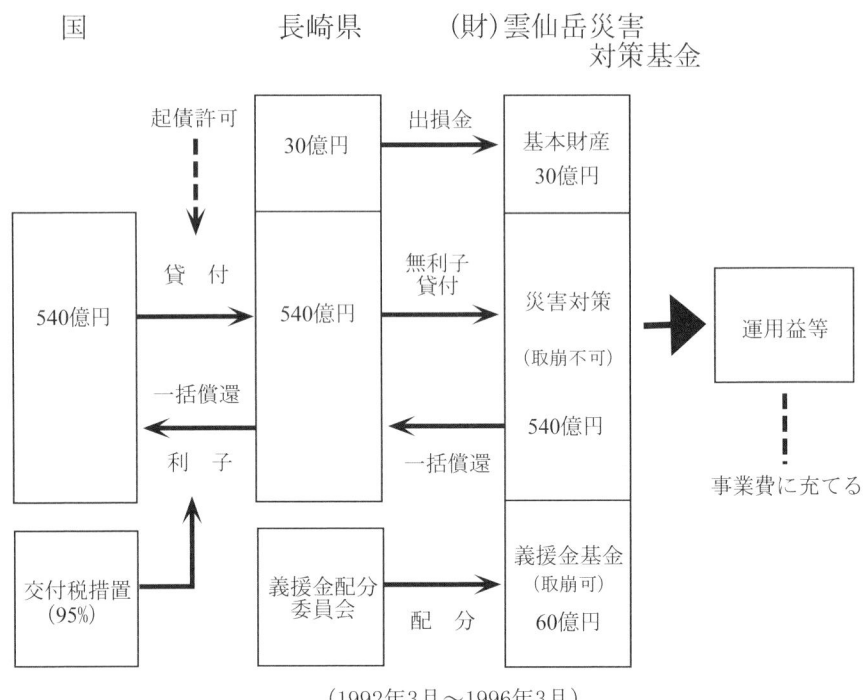

(1992年3月～1996年3月)
図1.3 (財)雲仙岳災害対策基金の内容[2]

表1.5 国の対策と(財)雲仙岳災害対策基金および市町の義援金基金の補完の例[2]

国の21分野100項目	(財)雲仙岳災害対策基金	市町村義援金基金
①食事供与事業(1991.10－1992.3)(1993.10－1994.3) 4人世帯12万円/月 生業が途絶えた世帯に適用	①生活雑貨支給事業 3万円/月(食事供与事業の対象世帯) ②生活支援事業 食事供与の補完(食事供与事業の対象外の世帯) 年金生活者等 月平均 6万円	①勤労者生活維持費資金支給事業 (島原市) 給与等が減少した勤労者に対し生活維持資金を助成10万円/人
③特別食事給与事業(1992.4－1992.10)(1994.4－1994.9) 収入を勘案した支給	③新生活支援事業 特別食事供与の補完(特別食事供与事業の対象外の世帯) 生活諸費、自立支援一時金	
④生活安定再建資金の貸付 100万円/世帯 10年償還(うち5年据置)	④生活安定再建資金利子補給事業 償還時の利子補給(無利子化)	

業や補助事業で実施する事業は対象とせず、「行政で行う各種の災害対策制度を補完するもの」と位置付けられ、被災者の生活再建の開始時に重点をおいて助成事業を実施したことである（表1.5）。雲仙岳災害対策基金はその後1,000億円に増額され、計274億6,109万円の基金事業が実施された。このほかに、島原市と深江町には義援金を原資とする島原市義援金基金（44億円）と深江町災害対策基金（26億円）が設置され、被災者の支援に充てられた。

今回の災害に対しては、温かい同情と励ましの義援金や救援物資が全国から続々と寄せられた（表1.6）。寄託された義援金は、総額で233億円を超え、義援

表1.6　義援金寄託金額[1]

寄託団体名	寄託金額（円）
長崎県	7,034,098,692
日本赤十字長崎支部	6,634,643,604
長崎県共同募金会	3,481,957,972
（県関係寄託小計）	17,150,700,268
島原市	4,344,484,929
深江町	1,844,975,982
（義援金寄託合計）	23,339,561,179

表1.7　義援金の配分対象[1]

配分決定日	配分対象
1991年6月15日	死亡者、住居焼失者、避難者
1991年7月14日	住家半壊、児童生徒、事業所など
1991年11月15日	年末見舞、県・市・町基金充当
1992年8月27日	住家滅失・半壊、県基金充当
1993年4月28日	土石流による住家滅失・半壊
1993年6月12日	同上　避難世帯
1993年12月6日	島原市・深江町原資配分
1993年12月6日	同上　児童救済基金など

表1.8　県関係義援金の配分金額[1]

義援金配分内容	配分額（円）
被災住民への直接配分	2,123,690,000
県・島原市・深江町基金充当	9,600,000,000
島原市・深江町への原資配分	4,996,874,000
（財）長崎県児童救済基金配分	42,000,000
雲仙岳火山災害支援実行委配分	10,000,000
救援物資購入費など	227,198,135
配分額合計	16,999,762,135

金の公正な配分を行うため、関係機関による義援金配分委員会を設置して協議した。この災害での特徴的な措置として、義援金の一部を基金に積み立てたことが挙げられる。これは多額の義援金を単に配分してしまうのではなく、多くの人々からの支援の意義をより生かすための措置であった（表1.7, 1.8）。また、義援金を立上がりに配分する方法や被害の拡大に備えて蓄財する方法は長期災害に対して有効であった。

今回の災害では、家屋の流焼失や警戒区域の設定のため元の場所での再建が困難となり、生活再建のためには住宅の確保が重大な課題となった。長崎県は恒久的な移転対策として、被災者用住宅団地（船泊団地、仁田団地）を造成し、雲仙岳災害対策基金の活用などにより、被災者への分譲価格の低廉化を図った。また、住宅再建にあたっては、現金を支給するような法的支援制度がないことから、被災者にとってはその資金が大きな課題となったが、義援金と雲仙岳災害対策基金および島原市・深江町の義援金基金から助成され、住宅再建の大きな原資となった。

災害ボランティアの活動は雲仙普賢岳の火山災害を機にその後一般的になったが、当初は地元の地域おこし団体が、公衆便所の清掃や救援物資の仕分けや配送作業を行った。しかし、全国から駆けつけたボランテイアに、地元の行政、住民ともに、一時的にパニックに陥ったこともあり、外来ボランティアの受入窓口となって活躍した。噴火活動が終息し、直接的な災害救援活動が縮小する中で、島原の体験を外部に向けての活動へと移行しており、全国のボランティアのネットワーク化などの事業に取り組んでいる。

7　復興・振興計画

被災者が長期避難している中で復興を前面に出すことについては困難を伴うが、被災自治体から長崎県や国に被災者対策を要望する場合、今後の復興の方針を示す復興計画がないと説得力がない。このため住民に一番近い立場にある島原市や深江町が復興計画を作成することになった（図1.4）。

今回の災害の教訓と課題をもとにして復興の基本方針を、生活再建、防災都市づくりおよび地域の活性化の3本柱とした。島原市の復興計画の策定は、国や長崎県の既定の復興事業計画を地元の自治体として相互調整するとともに、生活再建、防災都市づくり、地域の活性化などの観点から体系的に調整し空白領域を補完し、地域にとって整合性のとれた復興を目指すものであった（図1.5）。これによって、土地利用計画の作成、都市計画の見直し、新集落の形成などによる面的整備、防災施設内の有効利用、防災施設周辺の観

光施設整備、避難計画および自主防災組織の育成などをきめ細かく行うことが可能となった。

島原市復興計画は、地元の意向を市民のみならず、国や長崎県に伝える重要なものであり、関係機関の協力もあって比較的スムーズに策定された。また、完成度も比較的高いものであった。しかし、この中の安中三角地帯の全面嵩上げ、宅地造成などの大プロジェクトなどは、地域と行政が一体となった推進ならびに国や長崎県との連携が不可欠であっ

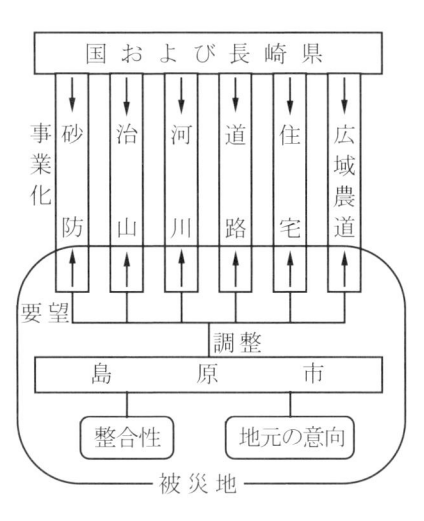

図1.4 島原市が復興計画を作成しなければならない理由[2]

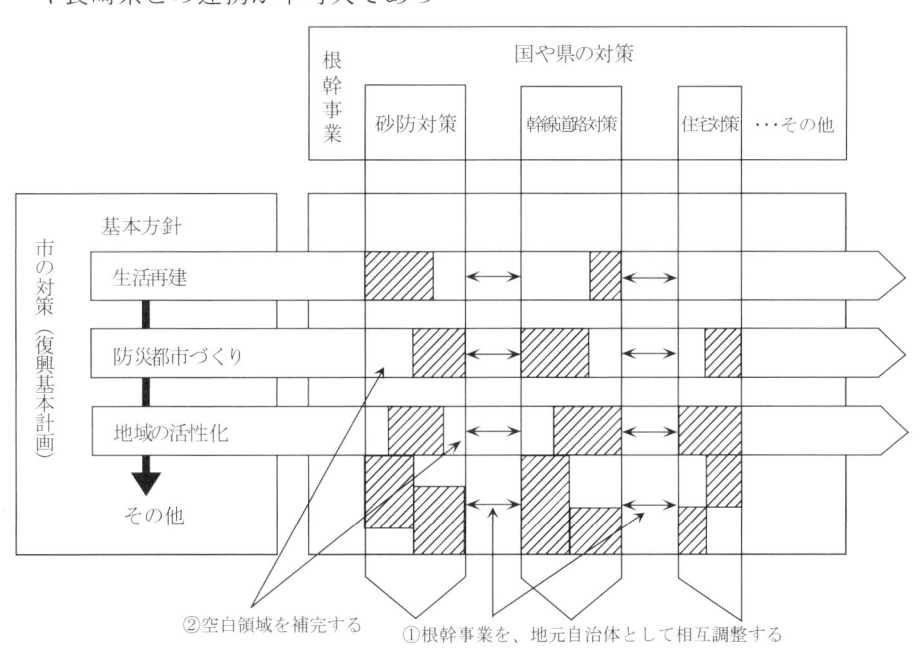

図1.5 島原市の復興計画の考え方[2]

―島原市―　　　　　　　　　　　　　　―長崎県―

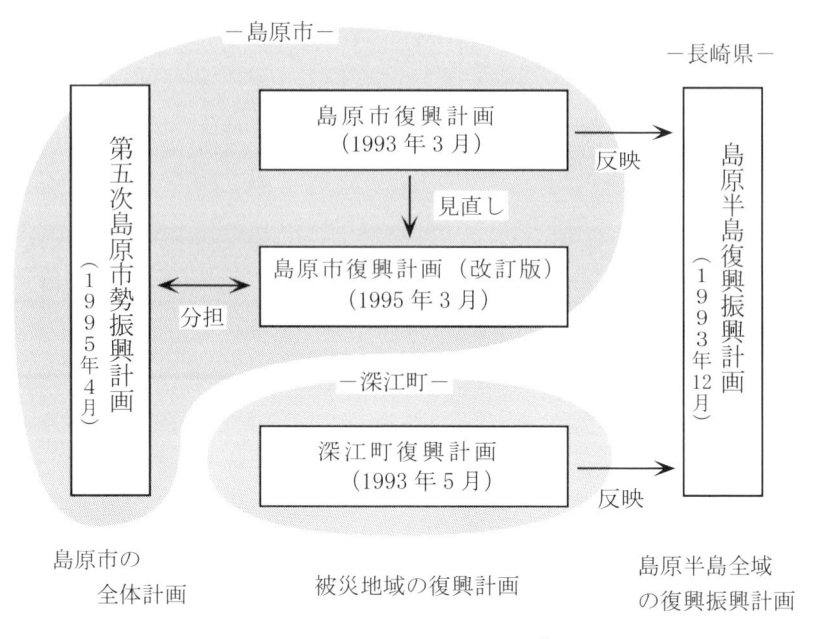

```
                ┌─────────────────┐
                │  島原市復興計画   │ 反映
                │  (1993年3月)    │────→ ┐
┌──┐            └─────────────────┘      │
│第 │                    │ 見直し        │┌──┐
│五 │                    ↓               ││島 │
│次 │            ┌─────────────────┐     ││原 │
│島 │            │島原市復興計画(改訂版)│   ││半 │
│原 │ ←分担→    │  (1995年3月)    │     ││島 │
│市 │            └─────────────────┘     ││復 │
│勢 │                                    ││興 │
│振 │        ―深江町―                    ││振 │
│興 │                                    ││興 │
│計 │            ┌─────────────────┐     ││計 │
│画 │            │  深江町復興計画   │ 反映 ││画 │
│(1995年4月)│    │  (1993年5月)    │────→ ┘(1993年12月)│
└──┘            └─────────────────┘

  島原市の            被災地域の復興計画      島原半島全域
  全体計画                                の復興振興計画
```

図 1.6　各種の復興計画の関連図[2]

た。また、火山災害の影響が島原市や深江町のみならず半島全体に及んだことを受けて、市町の振興計画や半島全体の復興振興計画の策定が必要になった。そこで長崎県による島原半島復興振興計画によって、火山観光が県の計画に位置付けられた（図 1.6）。

　噴火が終息した 1995 年、島原半島全体の活性化を目指した動きが見られ始めた。雲仙岳災害対策基金は、1,000 億円に増額と 5 年間の延長が決定され、本復興対策が可能になった。

　火山災害の長期化に伴って島原半島全域にわたって、人口減や宿泊観光客数減が目立った。このため長崎県は、1996 年度を本格的な復興元年ととらえ、地元市町、住民、長崎県および国の出先機関が一体となって、島原半島全体の再生と活性化を目指した島原地域再生行動計画（がまだす計画）を策定した。がまだすとは、島原地方の方言でがんばるという意味である。雲仙の復興計画から、土石流で埋没した安中三角地帯の嵩上げによる住宅・農地

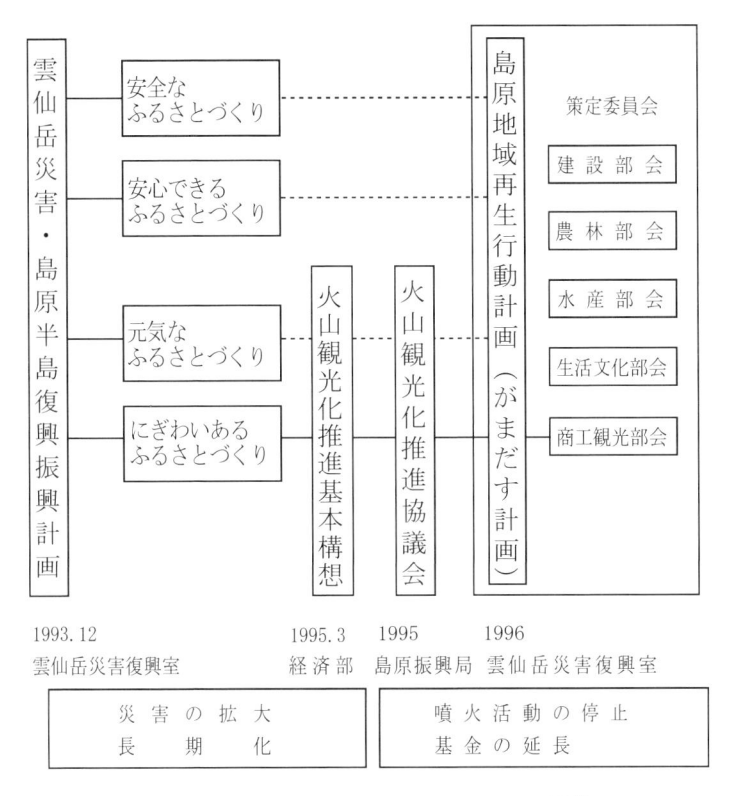

図 1.7 復興振興計画とがまだす計画との関係[2]

の再建、湧水池われん川の復元、植樹によるみどりの復元などの砂防指定地の利活用、火砕流による旧深江町立大野木場小学校被災校舎の現地保存および災害遺構の保存・活用などを柱とする火山観光が実現した（図 1.7）。

第2章 火山災害と住宅・集落再建の課題

1 まえがき

　本章は、特に住家が被災し、復興関連事業の対象となった被災者の住宅および集落再建への意欲や意識の変化に着目し、それらの災害履歴や復興対策などとの相関を時系列的に明らかにすることによって、今後の災害復興における住宅対策などのあり方について考察する。なお本章で取り扱う地域は、火砕流により集落全体が壊滅的な被害を受け、住宅確保と新集落の再建を目標として積極的な組織活動を展開した島原市上木場地区（2町内会、ここでは旧上木場地区を上木場地区と呼ぶ）とした（口絵2参照）。

　1991年5月15日に、雲仙普賢岳の山間に堆積していた火山噴出物が土石流となって96世帯（404人）が生活していた島原市上木場地区を襲った。同年5月24日には火砕流が観測され、6月3日に発生した大火砕流によって上木場地区内は半数の家屋が焼失した。その後も上木場地区は、何度も土石流と火砕流に見舞われ、最終的には家屋の90％が焼失した。地区内の宅地と農地は厚い火山堆積物に覆われ、もはや個人の力で復旧することは不可能になった。

　このような被災の形態は、雲仙普賢岳の火山災害の上木場地区に限ったことではなく、過去においても1977年北海道有珠山火山災害で地殻変動により21戸が移転を余儀なくされ、1983年三宅島火山災害でも413棟の家屋が溶岩流に埋没した。このように震災や風水害と異なり火山災害では、土地そのものが再生できなくなり、被災地を放棄して他の場所で住宅を再建しなければならないケースがたびたび発生している。

　宅地などを喪失した上木場地区の住民は、6月3日の被災後もふるさとでの住宅再建と集落再構築を熱望した。しかし、時間とともに被害は拡大し、

しかも噴火活動が長期化したことから復興のために導入された砂防事業を受け入れて全住民は個別に住宅再建に踏み切った。多くの被災者の住宅が再建できたのは災害発生から5－6年後のことであり、しかも住宅は分散して再建され、結果的に集落の再構築は実現しなかった。

　火山災害は長期化することが多く、このために復興も複雑なプロセスをたどることが多い。災害によって被災した住民の生活再建を的確に進めるために、行政機関はまず事態が推移するなかでの住民の意識の変化を知ることが重要になる。しかし、これまで行政側は住民の意識に必ずしも十分配慮した対応を取ってこなかったといえる。また、このような視点からの研究も過去にまったく見ることができない。そこで、住宅や集落再建に焦点をあて集落全体が被災した島原市上木場地区を対象に復興のプロセスの中で住民がいつ、どのような価値判断に基づいて住宅再建に関する意志決定をし、それを住宅再建後に、どのように思っているかを分析した。

　本章では、上木場地区の全世帯を対象にアンケート調査を行うことによって、住宅再建のプロセスを分析し、帰郷の断念や新集落再建を阻害した要因を解明し、この結果を踏まえ住宅再建に向けた課題を整理する[3)][4)]。

2　火山災害による住宅の被害

(1) 災害の経緯 (口絵4参照)

　雲仙普賢岳の噴火では人的被害と物的被害を伴う災害は、大きく三つの時期に集中して発生した（図2.1 上段）。

　最初の被害は1991年6－9月の水無川流域での災害で、3度の規模の大きな火砕流によって上木場地区は壊滅的な被害を受けた。また、6月30日の土石流は水無川をそれて直進し、下流域に多数の家屋被害をもたらした。

　その後も噴火活動は衰えず、災害は長期化の様相を呈していたが、翌1992年8月には再び水無川流域で土石流が断続して発生し、安中三角地帯の水無川左岸側で多数の家屋被害があった。

　その後徐々に噴火活動は鎮静化に向かい、復興の機運も盛り上がり始めた

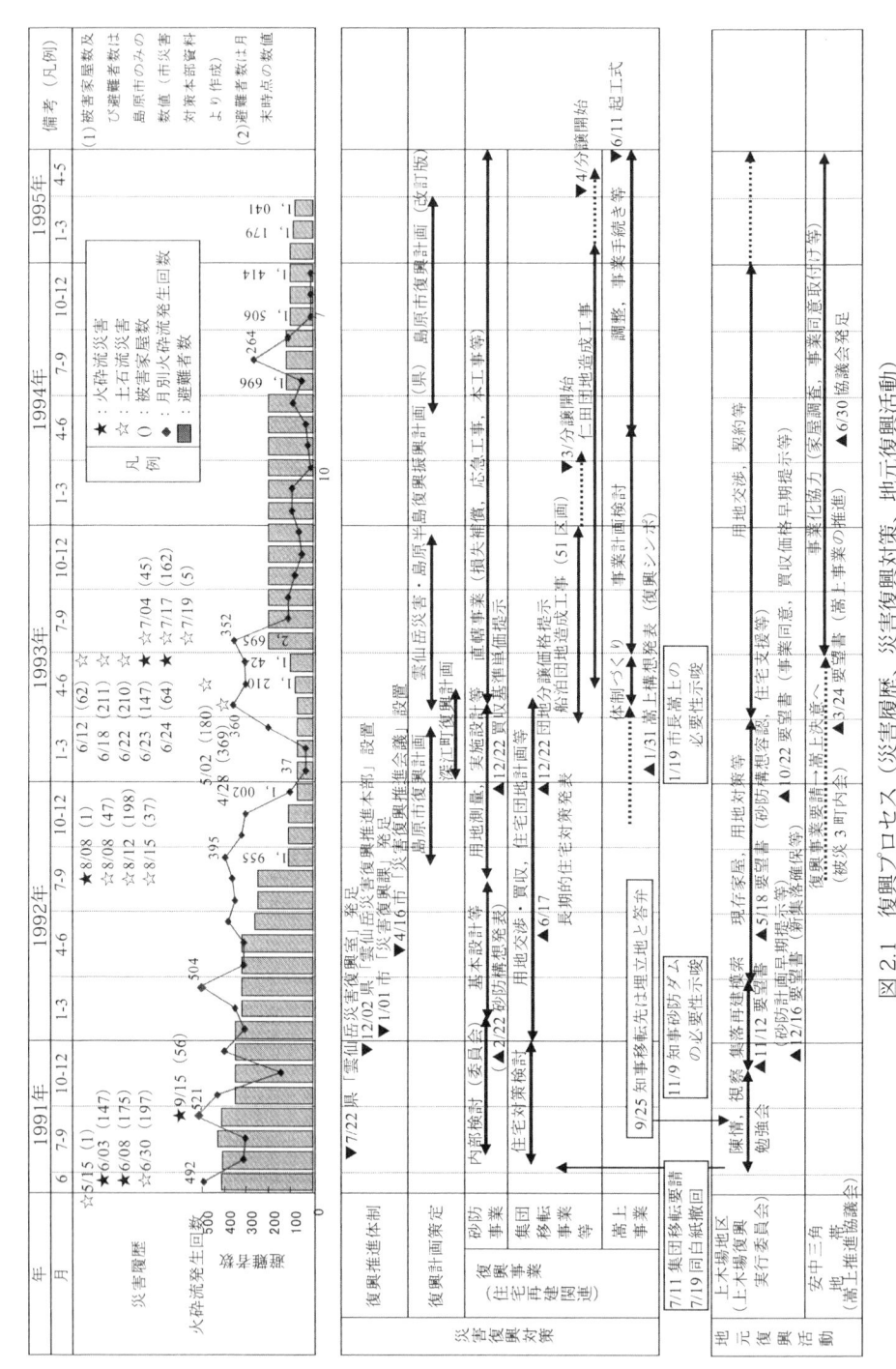

図 2.1 復興プロセス（災害履歴、災害復興対策、地元復興活動）

表 2.1 災害復興対策の着手時期の比較 [4]

災害 (発災日)		三宅島噴火 (1983年10月3日)	雲仙普賢岳噴火 (1991年6月3日)
復興組織化	都県	11日後 (東京都三宅島 復興対策推進本部)	49日後 (長崎県雲仙岳災害復興室)
	市町村	29日後 (三宅村復興課)	212日後 (島原市災害復興課)
復興計画着手		29日後 (三宅村)	454日後 (島原市)
住宅団地起工		241日後	662日後

が、1993年3月頃から再び噴火活動が活発化し、4月末から8月にかけて記録的な降雨に伴う土石流災害が水無川流域のみならず、中尾川流域や眉山渓流でも断続的に発生した。また、6月には千本木地区が火砕流によって壊滅的な被害を受けた。

(2) 災害復興対策（住宅再建関連）の経緯

災害復興対策の経緯を時系列で示す。地震などの一過性の災害と比較した場合、噴火活動の長期化により復興推進体制づくり、復興計画の策定、復興事業の推進などがいずれも大きく遅れる傾向にある。また、表2.1は、1983年三宅島火山災害と雲仙普賢岳火山災害の復興の進行状況を比較したものである。噴火活動の形態は異なるものの雲仙普賢岳の火山災害は、噴火活動が継続したために体制づくりや復興計画の策定に時間を要した。

これら災害復興対策の遅れは、被災者などの住宅再建にも多大な影響をもたらした。図2.2は、住宅確保における資金的概念を示したもの（公共事業対象者の場合）である。収入としては、公共事業による土地の売却費（A1）、家屋の移転補償費（A2）、義援金（A3）、雲仙岳災害対策基金からの住宅再建助成金（A4）および損害保険金（A5）があった。これ以外に上木場地区には、防災集団移転促進事業が適用されたことから被災者用住宅団地入居者のうち希望者に住宅ローンの利子補給や移転費などが助成された。また、安中三角地帯の嵩上げ事業は、民地のまま嵩上げされたことから土地の買収は

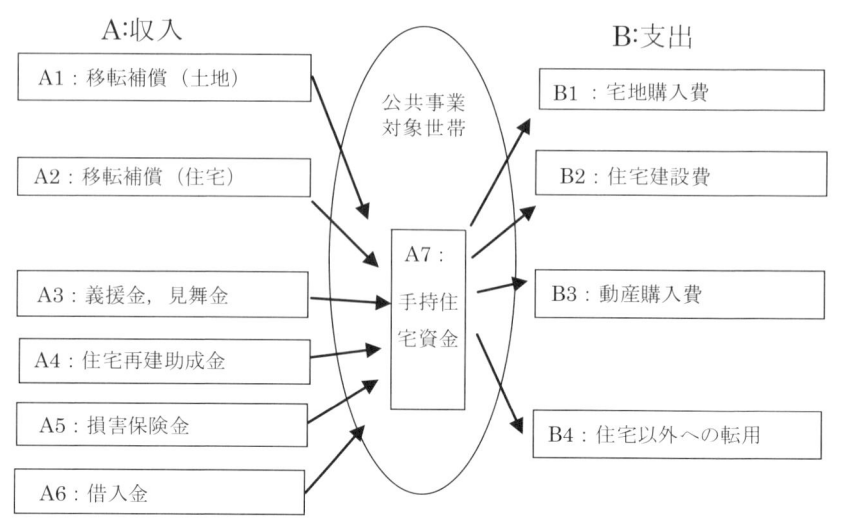

```
        A:収入                              B:支出

  ┌──────────────────┐      公共事業      ┌──────────────────┐
  │ A1：移転補償（土地）│      対象世帯     │ B1：宅地購入費      │
  └──────────────────┘                   └──────────────────┘

  ┌──────────────────┐                   ┌──────────────────┐
  │ A2：移転補償（住宅）│       A7：        │ B2：住宅建設費      │
  └──────────────────┘      手持住        └──────────────────┘
                            宅資金
  ┌──────────────────┐                   ┌──────────────────┐
  │ A3：義援金，見舞金 │                   │ B3：動産購入費      │
  └──────────────────┘                   └──────────────────┘

  ┌──────────────────┐                   ┌──────────────────┐
  │ A4：住宅再建助成金 │                   │ B4：住宅以外への転用│
  └──────────────────┘                   └──────────────────┘

  ┌──────────────────┐
  │ A5：損害保険金    │
  └──────────────────┘

  ┌──────────────────┐
  │ A6：借入金        │
  └──────────────────┘
```

図 2.2 住宅確保の資金的概念[5]

なく、家屋の移転補償だけが行われた。

住宅再建の支出は、宅地購入費（B1）、住宅建設費（B2）および家具類などの動産購入費（B3）で構成される。このうち上木場地区では、ほとんどの世帯が宅地を購入して住宅を再建したが、安中三角地帯では、地区外の再建者のみが宅地を購入して住宅を再建した。

各世帯が最終的に住宅確保の意思決定をするためには、収入と支出額を概算する必要がある。しかし、雲仙普賢岳の火山災害では、移転補償の有無が判明したのが発災から 265 日後（水無川水系に関する砂防計画の基本構想（以下、基本構想）公表）、住宅団地の位置、規模、所有形態などが判明したのが 410 日後（長期的住宅対策発表）と遅れ、各世帯がやっと住宅確保の意思決定が可能となったのは、用地買収基準単価および住宅団地の分譲基準単価が判明した 568 日後であった。住宅団地の造成竣工まではさらに約 2 年を費やした。

3 上木場地区の復興活動と再建意識の変化（図2.3参照）

(1) 砂防構想発表以前

　災害発生当時の世帯数は96世帯であった。当地区は、度重なる火砕流でほとんどの家屋が焼失したが11世帯が被災を免れた。その後地区全域は砂防事業の対象になった。

　集団移転の要請・白紙撤回から、翌年の基本構想発表までは、上木場地区にとってふるさとの再建方法を独自に模索する苦悩の8箇月だった。街頭活動、陳情、視察（桜島、三宅島）、集団移転に関する勉強会、再建意向調査、要望書提示（2回）などの積極的な活動が展開されたが、行政は具体的な対策をほとんど提示できなかった。

　人々の意識は火山活動の長期化、噂される砂防えん堤構想などによって微妙に揺れ動き、移転意志も二分していた（第1回調査）。集団移転という言葉は禁句とされていたが、集落形成意志の高さを頼りに新集落への移転を要望するに至った（第2回要望書）。その際、口頭で移転希望地も伝えられた。

(2) 砂防構想発表から用地買収基準単価提示以前

　翌年2月の基本構想発表は、噴火活動の越年もあって人々の移転意志をほぼ固めることになった（第2回調査）。6月には住宅団地計画が発表され、移転先も明確にされたが、住宅確保の意思決定はまだ困難な状況が続いた。

　この間、人々の集落形成に対する意識は依然高かったが、住宅団地として計画された二つの仁田団地および船泊団地（口絵2参照）に移転したいとする世帯が少ないことが判明し（第2回調査、図2.4参照）、計画されている住宅団地以外への宅地斡旋が要望された（第4回要望書）。同時に現存家屋の早期補償、用地買収基準価格の早期提示、その他住宅再建支援などが要望された。

(3) 基準価格提示以降

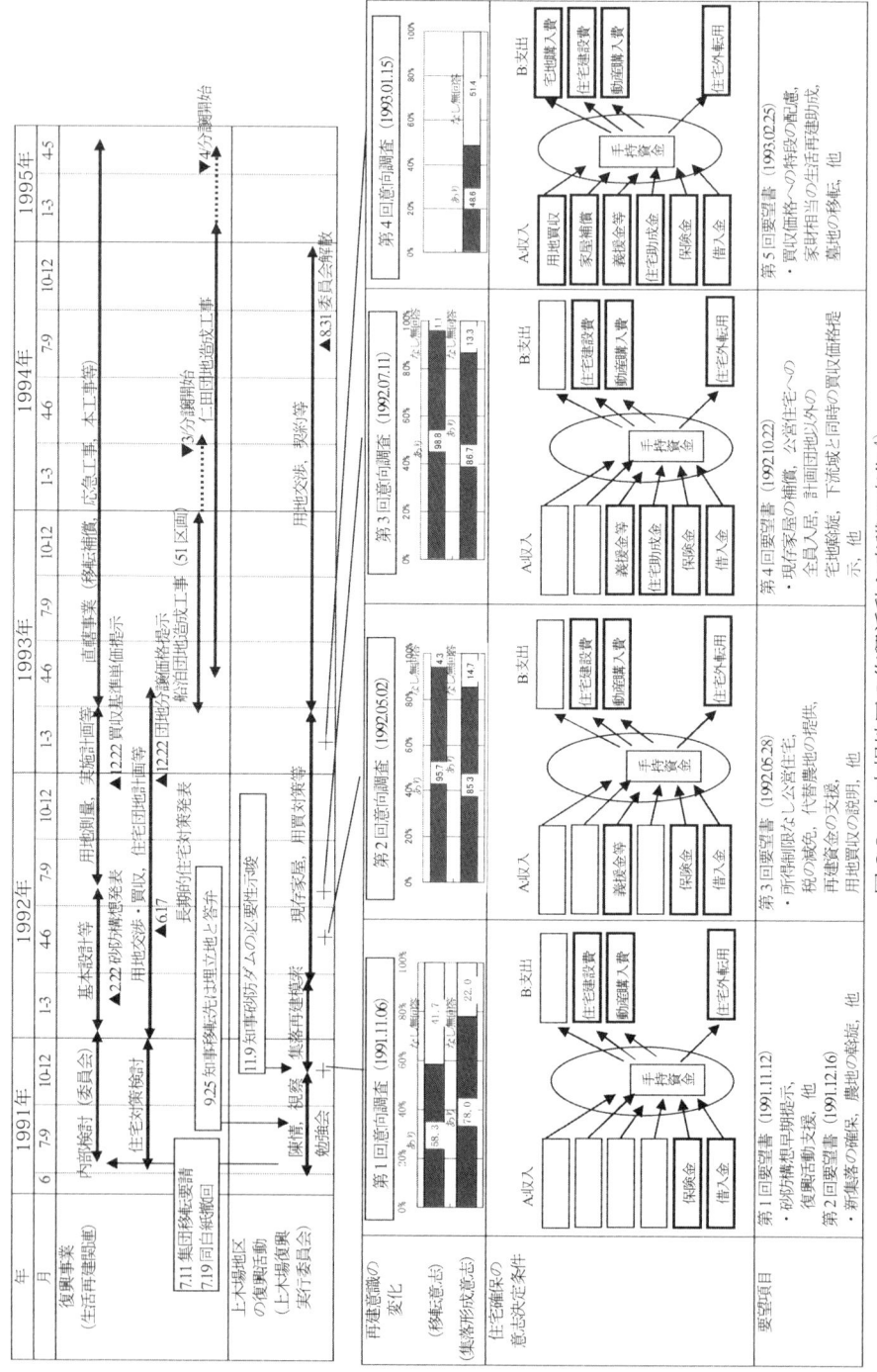

図2.3 上木場地区の復興活動と意識の変化[4]

1992年12月22日、長崎県は地元からの強い要請に応え、砂防事業区域内の用地買収基準単価を提示した。同時に住宅団地の分譲基準単価も提示されたことから、発災から568日目にしてようやく住宅確保の意志決定条件が出そろった。行政は計画されている住宅団地への移転を依然推奨した。住民がこれ以外への新集落確保は不可能と判断したためか、集落形成に対するこだわりは激減し（第4回調査）、過半数の世帯は独自に移転先を確保することが決定的となった。

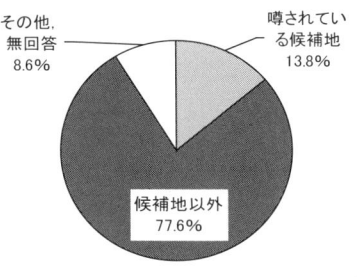

図2.4 新しい集落の場所について[5]
（第2回意向調査結果）

住宅の再建は1994－1995年がピークで、結果的には被災者用に造成された2箇所の団地に宅地を確保した。

4 住宅再建プロセスに関するアンケート調査

上木場地区の住民はすでに住宅再建を終えていることから、再建に至るまでの判断のプロセス、現状の意識などに関してアンケート調査を実施した。
実施時期：2002年10月21日－2002年11月8日
方法：訪問留め置き
対象：上木場地区の96世帯のうち現在島原市とその近隣に居住している78世帯の世帯主（上木場地区の世帯主のうち、すでに死亡した人は7人、入院中は3人、住所不明は4人であった。）
回収率：92.3%（72世帯）

(1) 被害と帰郷断念
①宅地と農地の被害
表2.2はこの災害で自宅が被災した時期を聞いた結果である。表からは火砕流で自宅を焼失した日は、1991年6月3日が53%、同6月8日が

表 2.2 自宅の被災した時期[3] (N=72)(％)

6月3日の火砕流で焼失した	6月8日の火砕流で焼失した	9月15日の火砕流で焼失した	最後まで残った	無回答
52.8	16.7	18.1	11.1	1.4

17％、同9月15日が18％で、この3回の火砕流により地区住民の88％が被災した。

上木場地区は宅地に加え農地も被災し、その後それらの土地はほとんどが砂防事業区域に入ったため、92％の世帯がほとんど農地を無くした。

②帰郷断念

帰郷の断念をいつ頃に決定したかを聞いた結果が図2.5である。回答で最も多かったのが、「1992年2月22日の基本構想発表の後」で38％、次が「1991年6月3日の火砕流の後」で35％であった。この間、6月8日と9月15日にも大火砕流があり、この直後にも帰郷をあきらめた人がおり、その値は8％と13％である。帰郷を断念した人は火砕流が発生し自宅が焼失するたびに次第に増えたが、「9月15日の火砕流までに断念した」人の合計は56％であった。つまり上木場地区は1991年9月15日までに地区の88％が被災していたが、この時点でも約半数近くの人は「ふるさとに帰れるかもしれない」という期待を持っていた。そしてこれらの人が帰郷を断念したのは基本構想が発表され、ふるさとのほぼ全域が砂防事業区域に入ることが明らかになった後で、住民は公共事業の発表を受けて最終的に帰郷を断

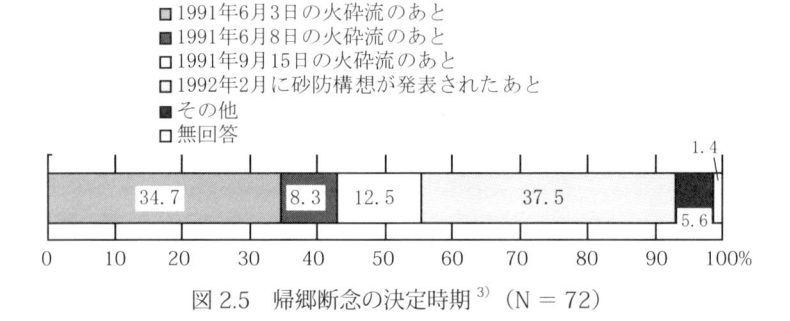

図2.5 帰郷断念の決定時期[3] (N = 72)

凡例：
- 1991年6月3日の火砕流のあと
- 1991年6月8日の火砕流のあと
- 1991年9月15日の火砕流のあと
- 1992年2月に砂防構想が発表されたあと
- その他
- 無回答

34.7 ｜ 8.3 ｜ 12.5 ｜ 37.5 ｜ 5.6 ｜ 1.4

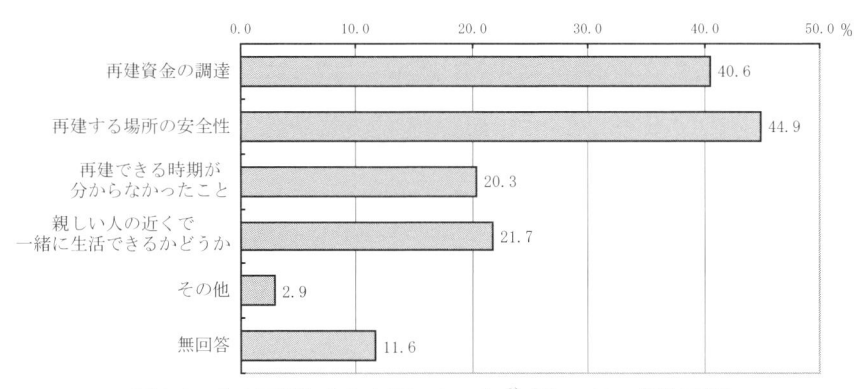

図 2.6 住宅再建にあたり困ったこと[3] (N = 69、複数回答)

グラフデータ:
- 再建資金の調達: 40.6
- 再建する場所の安全性: 44.9
- 再建できる時期が分からなかったこと: 20.3
- 親しい人の近くで一緒に生活できるかどうか: 21.7
- その他: 2.9
- 無回答: 11.6

念していた。

(2) 再建時の課題

①再建時の課題

図 2.6 は住宅再建にあたって困ったことを聞いた結果である。最も多かった回答は「再建する場所の安全性」に関してで 45％であった。次が「資金」の問題で 41％となり、この二つが住民にとって非常に大きな課題となった。

②再建場所決定時期

表 2.3 は再建場所を決めた時期を聞いたもので、1992 年の団地計画発表から 1994 年の仁田団地の分譲開始まで数字にかなりバラツキが見られる。この結果から住民は、前述した土地の安全性と再建資金を念頭に置き、最後まで場所の選定について逡巡したものと思われる。

表 2.4 は居住地別に住宅を再建した時期を整理したものである。団地外再建者 26 世帯のうち団地ができる前に住宅を再建した世帯が 14 世帯（54％）いた（表 2.4 網掛け部分）。調査結果からはこれらの世帯のうち多くが

表 2.3 再建場所を決めた時期[3] (N = 72) (％)

1991年中	1992年6月の仁田・船泊の住宅団地発表のあと	1992年12月の住宅団地の分譲価格と砂防の用地買収単価発表のあと	1993年8月の船泊団地の分譲開始のあと	1994年9月の仁田団地の分譲開始のあと	その他	住宅は再建しなかった	無回答
4.2	26.4	12.5	23.6	22.2	4.2	4.2	2.8

表2.4 住宅再建時期（居住地別）[3]

居住地		2年未満	2〜4年未満	4〜6年未満	6〜8年未満	8〜10年未満	10年以上	合計
仁田地区	回答者数			6	20	3		29
	%			20.7	69.0	10.3		100.0
船泊団地	回答者数				10	5	1	16
	%				62.5	31.3	6.3	100.0
2団地以外の安中地区	回答者数				4	4		8
	%				50.0	50.0		100.0
島原市内	回答者数		1		7	4	2	14
	%		7.1		50.0	28.6	14.3	100.0
島原市外	回答者数			2		1	1	4
	%			50.0		25.0	25.0	100.0
無回答	回答者数				1			1
	%				100.0			100.0
合計	回答者数		1	8	42	17	4	72
	%		1.4	11.1	58.3	23.6	5.6	100.0

1991年中に被災し、そのほとんどの世帯がこの年にふるさと復帰を断念したことが推定できる。つまりこれらの世帯は、自宅を無くし、さらに災害の長期化を予測して上木場地区の土地を売却する前の1993年以前に自力で資金を調達して住宅を再建した。

③再建場所決定要因

図2.7は住宅再建にあたって今の場所に決めた最終的な理由を複数回答で聞いた結果である。最も多かった回答は「交通の便」で51％であった。これに「安全性」が41％、「土地の値段」が35％、「子どもの学校」が32％、「安中だから」が30％と続いた。これに対し「上木場地区の人と一緒に再建したい」という回答は10％程度ときわめて低く、調査結果からは、この当時、コミュニティに対してはほとんどの住民の意識が希薄だった。

これらの決定要因を選択した場所とのクロス集計でみたところ、選定した場所別に大きな相違が表れた。

・仁田団地：決定の最大の理由は「土地の値段」で59％、次が「安中だから」で45％、この二つが決定的な要因になった。

・船泊団地：この団地を選択した人の最大の理由は「交通の便」で88％、仁田団地で上位を占めた「土地の値段」、「安中だから」を含め他の要因はいずれも低い値となった。つまり、交通の便だけを最優先にこの場所を選定し

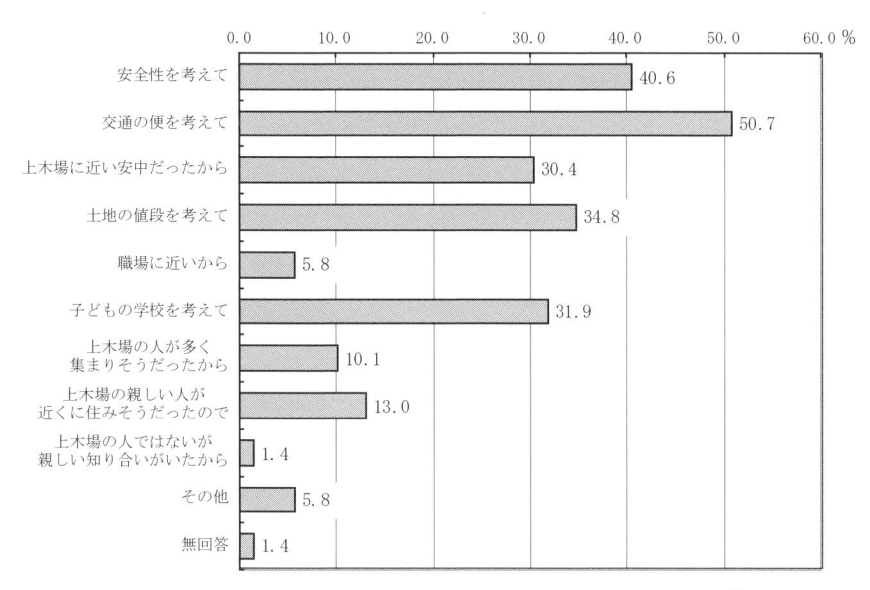

第2章　火山災害と住宅・集落再建の課題　27

理由	%
安全性を考えて	40.6
交通の便を考えて	50.7
上木場に近い安中だったから	30.4
土地の値段を考えて	34.8
職場に近いから	5.8
子どもの学校を考えて	31.9
上木場の人が多く集まりそうだったから	10.1
上木場の親しい人が近くに住みそうだったので	13.0
上木場の人ではないが親しい知り合いがいたから	1.4
その他	5.8
無回答	1.4

図 2.7　今の場所に再建を決めた理由（N = 69、複数回答）[3]

た人が多い。

・団地以外の安中地区：この地区を選択した人の全員が「安全性」（100％）を最優先にし、これに「交通」（88％）、「安中」（63％）、「学校」（50％）が続いた。

・安中以外の市内：最も多かった回答が「安全性」で 64％、次が「交通」の 57％であった。

　以上の結果から団地を選択した人が「安中」、「交通」および「土地の値段」を最大の決定要因に挙げたのに対し、団地外を選択した人の最大の要因は「安全性」であった。つまり団地外を選択した人の多くは、眉山の崩壊や頻発する土石流に対し新たな分譲団地の安全性を懸念し、コストや地域性にこだわらず独自に宅地を選定した。

④集団居住の意向

　図 2.8 は、現時点での集団居住についての考えを聞いた結果である。回答で最も多かったのは「各自、希望する場所に住むことでいいと思う」で、50％である。これに対し「全世帯が 1 箇所に集まって住めれば良かったと

□ 全世帯が1箇所に集まって住めればよかったと思っている
■ できるだけ多くの人が集まって住めればよかったと思っている
□ 親しい人だけでも集まって住めればよかったと思っている
□ 各自、希望する場所に住むことでいいと思う
■ その他
□ 無回答

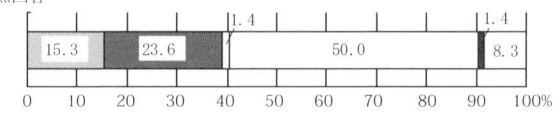

| 15.3 | 23.6 | 1.4 | 50.0 | 1.4 8.3 |

図 2.8　集団居住についての考え[3]（N = 72）

思っている」が 15％、「できるだけ多くの人が集まって住めれば良かったと思っている」が 24％、「親しい人だけでも集まって住めれば良かったと思っている」が 1％であり、これらを合計すると 40％になる。

(3) 住宅再建費

①保険金

損害保険について聞いたところ、81％の世帯が何らかの損害保険に加入していた。最も多かったのは「農協の建物更正共済」で 65％である。また、「全く保険に加入していなかった」世帯も 14％あった。また、加入していた保険団体から何らかの支払いがあったかという問に対しては 90％が「あった」と回答したが、「何もなかった」と回答した人が 9％いた。

保険金の受取時期で最も多かったのは 1991 年で 40％、次が翌年の 31％であった。受取金額では、回答者の約半数が 100 万円から 1,000 万円の間で保険金を受け取ったが、500 万円以上受け取ったと回答した世帯は 35％（18 世帯）で、1,000 万円以上の支払いを受けた世帯は 6％（4 世帯）だけであった。この結果からは、高額の保険金を受け取った世帯はきわめて少なかった。

②住宅再建費

住宅再建費（土地購入費と建築費）を聞いた結果が表 2.5 である。最も多かったのは「2,500 － 3,000 万円未満」で 29％、次が「3,000 － 3,500 万未満」の 16％である。全体で見ても 3,500 万円未満が 65％を占めた。アンケー

表 2.5 住宅再建費 [3] (N = 69) (%)

2000万未満	2000～2500万未満	2500～3000万未満	3000～3500万未満	3500～4000万未満	4000～4500万未満	4500～5000万未満	5000万以上	無回答
10.1	10.1	29.0	15.9	5.8	7.2	2.9	7.2	11.6

表 2.6 再建資金の調達状況 [3] (N = 46、複数回答) (%)

移転補償費から	保険から	基金・義援金から	金融機関の借入から	自己資金から	その他
78.3	60.9	56.5	52.2	54.3	8.7

ト調査では住宅再建のための費用の調達先とその比率を聞いた。

表2.6はどのような資金を使ったかを単純集計したものである。結果をみると移転補償費が最も多く78%で、これに保険金が61%と続く。また義援金、金融機関からの借入れ、自己資金はいずれも50%を超えた。アンケートの回答からは移転補償で不足した分を義援金で補充するという特定の傾向はみられず、被災者はさまざまな方法で再建資金を調達していた。特に金融機関からの借入れが半数を超えた背景には、老後に備えある程度預貯金をプールしておく必要があったことから、これに伴う不足分を集団移転事業の利子補給の活用を目的に金融機関から借入れた人が多かったことが挙げられる。

表2.7は再建計画について、現在の感想を聞いたものである。「無理なく再建できた」および「ほぼ予定どおり」の合計は45%であるが、「少し無理だった」が21%、「厳しい現状だ」が8%であり、両者を合計すると29%になる。つまり、3世帯に1世帯は無理な再建計画だったと回答した。

現在の生活状況に関する質問では、「災害前に比べてあまり変わらない」

表 2.7 再建計画に関する現在の感想 [3] (N = 72) (%)

予定どおりであり、まったく無理なく再建できたと思う	ほぼ予定どおりの再建であった	少し無理な計画だったと思う	予定どおりにならず、厳しい現状である	今は何ともいえない	無回答
4.2	40.3	20.8	8.3	13.9	12.5

が53％いる一方で、「少し苦しい」（22％）と「かなり苦しい」（13％）を合計すると35％で、住宅再建計画の質問同様、3世帯に1世帯は生活が苦しいと答えた。

5　集落再建プランの崩壊のプロセス

(1) 分散再建のプロセス
①現在の居住地

1991年11月に上木場地区が独自に行ったアンケート調査によると当時住民の87％が集団居住を希望した。しかし、結果的には現在再建先がわかっている86世帯は、仁田団地（30世帯）、船泊団地（16世帯）、団地以外の安中地区（12世帯）、安中地区以外の島原市内（20世帯）、島原市外（8世帯）に分散して住宅を再建した。そしてアンケート調査では被災から11年が経過した時点でも40％の人が集団居住を望んでいた。

②住宅再建パターンの類型化

図2.7、表2.3および表2.4から上木場地区住民の再建パターンを宅地を決定した要因からみると次の三つに類型化することができる。

・安全重視グループ

　このグループは「再建する場所の安全性」を最優先に宅地を選定したグループ（26世帯）で、回答者全体の36％を占めた。さらにこのグループは、時間軸で二つのグループに分けられる。第1のグループは上木場地区の土地の売却前でしかも二つの団地が完成する以前に、自力で資金調達を行い、安中地区内や市内に住宅を再建した（22世帯）。第2のグループは、宅地の安全を最優先に二つの団地以外に独自に場所を選び、土地の売却後に住宅を再建した（4世帯）。

・アクセス重視グループ

　船泊団地を選択し、土地の値段や地域性よりも「交通の便」を重視したグループ（16世帯）で、全体の22％を占めた。

・コスト重視グループ

仁田団地を選択し、「土地の値段」と「地域性」を選定にあっての決定要因に選んだグループ（29世帯）で、全体の40％を占めた。

上木場地区の住民の住宅再建経過は次のようなカテゴリーに分けることができる。まず災害の長期化を予測し、早くから資金を調達できる人たちが二度と被災したくないという思いから「安全性」を重要視しながら独自に場所を選定し住宅再建を行っていたグループである。次に土地の売却手続き終了後に住宅再建に着手した人たちは、三つの流れになる。第1のグループは、やはり「宅地の安全性」を最重要視し、安中を離れ市内に住宅を再建した。第2のグループは経済的に比較的余裕のある人たちで、「交通の便」を重視して船泊団地を選択した。第3のグループは、安中という地域性にこだわり、経済的には仁田団地という選択肢しかなかったことから、「土地の値段」を重要視して仁田団地を再建場所として決めた。このため住民が行ったアンケート調査では多くの住民が集団居住を望んだが、結果的には長引く避難生活と行政から提示される条件に制約され、さらに各家庭の事情により最終的には分散再建を余儀なくされた。

③分散再建のプロセス

図2.9は住宅が分散再建されたプロセスの因果関係を図にしたもので、分散再建に至った要因は次の三つの分野に整理できる。

第1のカテゴリーは、「土地の喪失」である。分散再建の最大の原因は、自己所有地（宅地・農地）に火山噴出物が堆積し、土地としての価値が全くなくなってしまうという事態が発生したことである。現にこの災害では上木場地区の一番深いところでは噴出物が80－100mも堆積しているといわれており、自力復旧は不可能であった。

このような「土地の喪失」は、この災害に限ったことではなく、1983年三宅島の火山災害では、山腹から流出した溶岩流のために多くの宅地が喪失した。また、2000年北海道有珠山噴火でも地殻変動や泥流危険のある地域の土地が使用不能となった。

土地の再生が不可能になるということは、ふるさとでの集落再建を断念しなければならないことを意味し、これは震災や風水害には見られない火山災

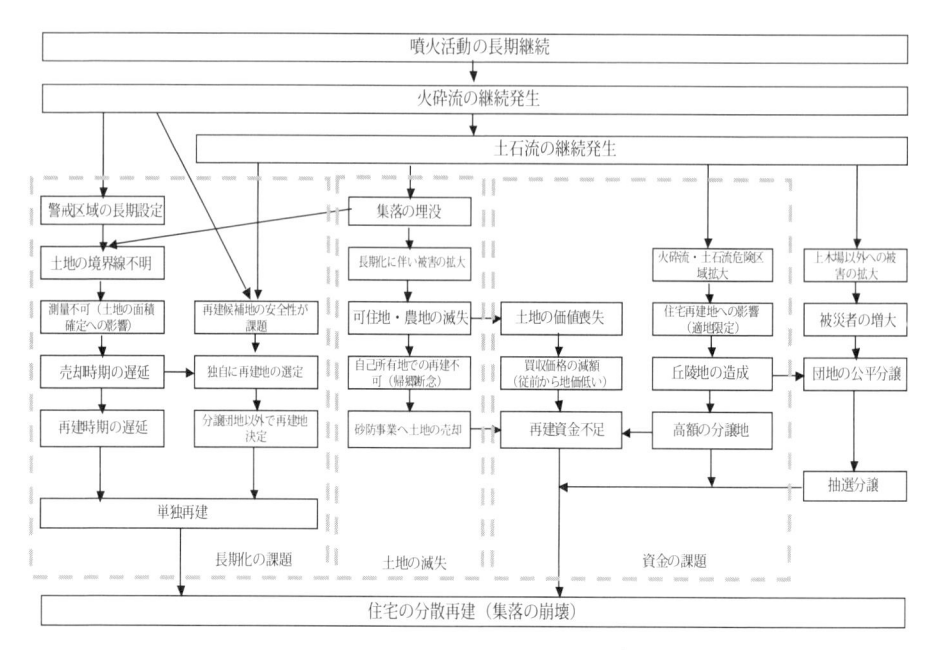

図 2.9　住宅分散再建のプロセス[3]

害特有の被災形態である。

　第 2 のカテゴリーは、「長期化の課題」である。火山災害は他の災害と異なり、噴火活動が長期にわたって継続するのが大きな特徴である。雲仙普賢岳の火山災害では火砕流が 5 年間継続し、2000 年三宅島噴火も長期化した。災害の長期化に伴い被災者は、被災直後の段階では集団居住を希望しながらも、事態の進展の中で各家庭の事情などが起因し、単独で住宅再建を進めざるを得ない状態に追い込まれる。このため、集落再構築に向けた住民活動は時間の経過に伴い徐々に希薄なものとなることから、最終的には集落の再構築を断念しなければならない状況が発生した。

　第 3 のカテゴリーは「資金の課題」である。上木場地区では火山噴出物により自己所有していた土地の資産価値は著しく減少した。この災害では、幸いにも行政側の配慮により異例の価格で土地の買上げが実施されたが、それでも新たな宅地の取得にはほど遠い金額であった。各世帯の経済的な背景か

ら当然住宅取得の考え方にも差が現れ、新集落構想は金銭的な面からも挫折せざるを得なかったものと考えられる。

　以下、この三つの課題についてアンケートの結果をもとに詳細に検討する。

(2) 土地喪失と生活再建

　上木場地区の集落の崩壊と住宅の分散再建は、火山噴出物による土地の喪失が最大の原因である。図 2.5 のように、住民は自宅が被災するたびに帰郷を断念し、最終的には基本構想の発表によってふるさと再生を完全にあきらめた。ふるさと再生を断念するということは、住民にとって新たな生活再建の模索を強いられることになり、家屋の焼失および土地の喪失は再建に必要な財源を生み出す道が全く閉ざされたことを意味する。火山災害は他の災害と異なり土地そのものの価値も喪失してしまうため、被災者は再建資金の面で過酷な状態に追い込まれることになる。

　雲仙普賢岳の火山災害では、幸いにも被災地が砂防事業の区域に指定されたために土地の買収があり、アンケート調査からもわかるように 78％の人が移転補償費を住宅再建資金に充てた。つまり仮に公的な事業が適用されなかった場合は、生活再建は困難をきわめたものと思われる。したがって雲仙普賢岳の火山災害の教訓を活かし、今後は土地が喪失しても住宅が再建できるような制度を創設する必要がある。

(3) 災害の長期化

①火砕流・土石流

　雲仙普賢岳の火山災害は 1990 年 11 月 17 日の噴火に始まり、半年後の 1991 年 5 月 15 日に土石流が発生、さらに 9 日後の 5 月 24 日には火砕流が発生した。その後最後の火砕流は 1996 年 5 月 1 日に観測された。このようにこの災害では 1991 − 1993 年までに火砕流と土石流が頻発し、被災者の住宅再建計画もこの二つの現象に振り回されることとなった。

②砂防事業と住宅再建

　図 2.10 は、上木場地区の住宅再建のプロセスを砂防事業との関係で整理

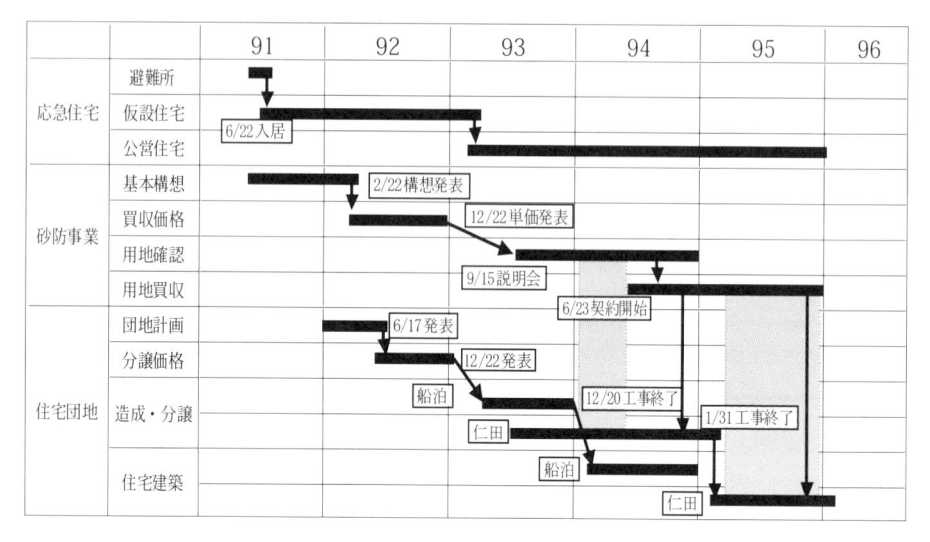

図 2.10　砂防事業と住宅再建のプロセス[3)]

したものである。

　上木場地区の住民は、まず1箇月程度避難所におり、さらにその後応急仮設住宅で2年近く生活し、再度恒久的な住宅を確保するまでの2年半近くを公営住宅で過ごした。当地区の多くの住民が恒久的な住宅を確保するのに要した年月は、結果的に5年程度であった。

　この間の概略の経緯としては、災害発生から8箇月後の1992年2月の砂防構想発表でふるさとに戻れないことが明確になり、同年6月に団地計画が発表され、さらに同年12月に団地の分譲価格と土地の買収価格が公表された。このように、住民が生活再建を考えるための条件が出揃うまでには、災害発生から1年半を要した。しかし、住民が土地の売却費を受け取るまでには、この時点からさらに1年半かかり、再建資金入手までに要した年月は被災から早い人で約3年、遅い人で4年半であった。このため1994年1月に船泊団地が分譲を開始したものの購入資金がないことから、支払いを待ってもらう事態も発生した（図2.10網掛けの部分）。土地の売却に多くの時間を要した背景としては、

(a) 上木場地区の土地は土砂が堆積していて境界線がわからなくなっていた

こと、
(b) 警戒区域が設定されているため上木場地区に立ち入ることができなかったことが挙げられる。

　現地での測量は不可能だったことから、特例措置として航空写真による境界線の確認作業が実施された。しかし、この作業は一部の住民の理解が得られず難航し、前述したように1年半を要した。作業の遅延は住民の住宅再建に大きな影響をもたらし、住民の中には住宅再建までに7年の歳月を要した人もいる。

　また、警戒区域の設定のために上流部の工事に着手できず、砂防事業は下流域の導流堤の工事から着手されたため、国土交通省雲仙復興事務所（当時：建設省雲仙復興工事事務所）にとっては上流部に位置していた上木場地区の用地を緊急に買収する必要はなかったが、被災者の早期の生活再建を支援するために事業用地の先行取得が積極的に行われた。

　この災害では住宅再建が砂防事業の進捗に大きく左右されたといえる。したがって、今後の課題としては砂防事業と連動しながらも、当事業のスケジュールに左右されないような住宅再建システムを研究する必要がある。

(4) 再建資金に関する課題
①住宅再建資金

　住宅再建にあたっては、現金を支給するような法的な支援制度がないことから、被災者にとってはその資金が大きな課題になった。上木場地区の場合、以下の四つが再建にあたっての主な資金源であった。
(a) 土地と建物の移転補償費（砂防事業関係）
(b) 義援金
(c) 住宅再建助成金
(d) 保険金

　建物に関する移転補償費は、火砕流で焼失した世帯は補償対象となる物件がないことから該当せず、上木場地区では最後まで残った10世帯がこの対象になっただけで、他の世帯は所有していた土地のみが移転補償の対象と

なった。義援金に関しては、全壊世帯ということで450万円が支給された。住宅再建助成金は、この災害で被災した人たちの自立支援や復興のために創設された（財）雲仙岳災害対策基金からの支出で1世帯550万円が支払われ、前者と合計すると1,000万円になった。一方、住宅再建にあたっては、新たに宅地を購入し、さらに住宅建設に必要な資金を用意しなければならなかった。

②土地の移転補償費

1992年12月22日に長崎県は公共事業の対象となった土地の買上げ価格を発表した。上木場地区の単価は、宅地が15,300円/㎡、畑が2,800円/㎡、山林が350－460円/㎡であった。

上木場地区では、災害の前にほとんど土地の売買がなく、わずかな売買事例でもかなりの低価格で取引きされていたようである。また、災害後の土地は全く資産価値が無くなっており、住民はきわめて低い評価がなされるのではないかと危惧した。しかし、発表された単価は、十分とはいえないまでもある程度満足のできるものであった。上木場地区の平均宅地面積は約825㎡であり、この値をもとに売却金額を単純に試算すると1,250万円になる。さらに600㎡以下の宅地を所有している世帯は地区全体の約60％であり、これらの世帯の売却金額は900万円以下となる。

次の問題は、売却した金額で新たな土地が購入できるかどうかであった。

③住宅団地の分譲価格

被災者用の住宅団地は、仁田団地と船泊団地の2団地が新たに造成された（口絵2参照）。その概要は表2.8のとおりである。

表2.8　団地の建設状況[2]

団地名		仁田団地	船泊団地	計	備考
宅地規模	80坪	28区画	51区画	79区画	○造成は、長崎県住宅供給公社が実施
	100坪	54区画		54区画	○造成期間
	120坪	33区画		33区画	＜着工＞　　＜完成＞
	150坪	26区画		26区画	船泊　1993.3　1993.12
宅地計		141区画	51区画	192区画	仁田　1993.5　1994.12
公営住宅		10戸		10戸	
坪当分譲単価		約70千円	約105千円		

団地の分譲にあたっては、団地が被災者用であることから低廉化が図られた。それでも上木場地区の場合は、売却価格に対し団地の分譲価格は 1.5 － 2 倍の金額であった。したがって、売却総額が比較的低かった人は、必然的に低価格の仁田団地へ申し込むこととなった。

④再建資金の課題

住宅再建にあたっては、資金の確保が大きな課題になる。住宅再建の原資は、前述したように移転補償費、保険金、義援金および雲仙岳災害対策基金である。このうち全世帯に支給された義援金と雲仙岳災害対策基金を別にすると、1,000 万円以上の保険金を受け取った世帯は 4 世帯に過ぎず、これが大きな原資となった世帯は少なかったと思われる。

移転補償費については上木場地区の場合、ほとんどの世帯が家屋を火砕流で失ったため、補償の対象は土地だけに限定された。しかし、その土地も災害前の地価がそもそも低かったことから、広い宅地を保有している世帯を別にすると被災者が受け取った金額は多くはなかったと思われる。これに対し、分譲された宅地の単価は廉価にされたとはいえ、上木場地区の単価と大きな差があったことから、再建のための最終的な資金計画は厳しい世帯が多かったと推測される。このことは金融機関から借入れをした世帯が半数を超えていることからも分かり、さらに再建計画に無理があったと答えた世帯が 30％もいることでも明らかである。

再建資金の厳しい世帯は自ずと仁田団地などの地価の低い宅地を再建先として選択しなければならなかった。一方では、比較的経済に余裕のある世帯は、ある程度自由に宅地選定ができたために選択肢が広がり、独自の価値基準で再建先を決めたものと思われる。集団居住はこうした経済的な要因を背景に次第に分散型へと移行した。

6　住宅再建・新集落構築に向けての提言

(1) 集落再建プランの崩壊の要因

災害発生後の 1991 年 11 月に上木場地区の住民団体（上木場復興実行委

員会)が地区の全世帯を対象に実施したアンケート調査(複数回答)によると、87％の世帯が集団居住を望み続け、一方、「各自希望の場所に住むのがよい」と回答した世帯は24％で、集団居住を望む声が圧倒的に多かった。しかし、集団居住の夢は実現することなく消え、このため未だに40％の世帯が後悔の念を示した。新集落を構築できなかった要因の一つに、住民の持っていた経済的な背景がある。

　行政機関は噴火活動が長期化したため、砂防基本構想や住宅団地の計画作成などに多くの時間を必要とした。このような行政側の動きに多くの被災者が焦燥感を抱いているなか、経済的に余裕のあった被災者や再建資金を調達できた被災者は、地区住民の動きに同調することなく独自に住宅再建の活動を展開した。つまり、ある程度再建資金に余裕のあった世帯は、幅の広い選択が可能だったことから、独自に土地を見つけ住宅を再建した。

　もう一つの要因は、住宅再建地の安全性に関する評価の問題である。被災者は新たな住宅地を選定するに当たって安全性を最優先の条件とした。災害によって同じように被災しながらも行政側が用意した二つの団地、団地以外の安中地区、これらに対する住民の評価には大きなバラツキが見られた。

　最終的な宅地の選定は、安全性と予算の関係で決めたようであるが、この二つの要因の組合わせが結果的には分散再建の背後要因になった。

(2) 新集落の構築のために

　前述したように災害が発生してから住宅再建に至るまでには、非常に多くの時間を要した。このため当初住民が集団居住を望んでいても、候補となった宅地の安全性についての評価の相違、再建資金など各家庭の事情により、徐々に単独で再建する人が増えることになる。

　住民が希望する集団居住を実現するためには、短い時間で被災者が再建計画をまとめられるようなシステムを構築する必要がある。この再建システムは二つの分野に分けて構築されるべきである。その一つは再建に関わる事業手法の整備であり、もう一つは再建資金に関する整備である。以下に上木場地区のケースから把握できた集落再構築に向けた二つの分野の施策メニュー

を示す。

①事業手法関連の整備

・生活再建プログラムの早期提示

　火山災害の複雑な復興にリンクした生活再建プログラム（手順）を早期に被災者に提示し、被災者の再建計画立案を支援する。

・公共事業決定の早期情報公開

　被災地が公共事業の対象となる場合は、被災者にその場所には居住できないことを知ってもらうために早期に事業に関する情報を公開する。

・再建条件の早期提示

　新集落を構築するためには被災者に買収単価、宅地単価、再建地などの種々の再建条件を早期にしかも同時に提示し、再建計画立案のための環境を整える。

・候補団地の合意形成

　新しい移転地に関し開発規模やアクセスなど種々の条件について被災者と合意形成を図ることが重要である。この場合、特にその場所の安全性に関して十分に説明する。

・住宅団地への優先入居

　雲仙普賢岳の火山災害では、団地入居者の選定は抽選で行われたこともあって、旧集落の住民は分散再建を余儀なくされた。このような問題に対処するためには、新集落の形成の希望者だけでも特定の団地に優先的に入居できるようにすべきである。

・土地の境界線確認手法のルール化

　火山災害では火口からの火山噴出物により土地の境界線が不明になる場合があり、これが土地売却の遅延に結びつくことが明らかになった。この災害では特例措置として航空写真によって土地の境界線を確定したが、被災者の生活再建を早めるためには、今後このような手法がルール化される必要がある。

・集団移転制度の見直し

　この災害では「防災集団移転法」に関していくつかの課題が提起された。

具体的には、集団移転制度では借地を前提にしているが住民は分譲を希望し、また被災地の買上げについても厳しい制約があるなどが挙げられる。今後はこれまでの事例を踏まえた制度の見直しが必要である。

　②**再建資金関連の整備**
・再建費の一時貸出し
　雲仙普賢岳の火山災害では上木場地区住民の住宅再建は、再建に必要な原資の確保が公共事業の進捗状況に大きく左右された。このような事態を回避するためには、再建に必要な資金を一時的に被災者に貸し出し、後で建物と土地の移転補償費で精算するなどの手法が有効と考えられる。つまり今後は被災者の住宅再建を優先するような支援システムの制度化が必要である。
・住宅再建制度の創設
　雲仙普賢岳の火山災害では、公共事業による被災地の買上げ、義援金や雲仙岳災害対策基金からの助成によって住宅が再建できた。仮にこのような対応措置がなかったら、住宅再建はきわめて厳しいものになっていたといえる。この災害の後、「被災者生活再建支援法」が制定され、住宅再建に対する支援制度が整備された。一方、火山災害では宅地を失い移転再建を余儀なくされるケースもあることから多額の資金が必要になることが多い。このため今後はさらなる支援制度の研究が必要である。

7　まとめ

　以下に本章で得られた結果を記す。
・分散再建から8年が経過した時点で、未だに40％の人が上木場地区の人だけの新集落を形成すべきだったとした。
・住民が分散再建を余儀なくされた理由としては、災害前の宅地が再生不能になったこと、災害の長期化により独自に安全な場所を求めて再建する人たちが出てきたこと、経済的な理由により自由に再建場所を選択できる人とできない人に差が出たことが把握できた。
・帰郷を断念した時期は、被災直後はふるさと全域が被災しても再生できる

と思っていた人が多くいたが、最終的な決断は砂防構想の発表がきっかけとなったことが判明した。

・この災害では、公共事業が適用され、また義援金などにより住宅再建が可能となったが、それでも29％の世帯が資金計画に無理があったと回答した。

第3章　安中三角地帯嵩上げ事業に見る住民の合意形成過程

1　まえがき

　火山災害ではこれまでにもしばしば宅地が広範囲にわたって喪失するという事態が発生している。1977年北海道有珠山火山災害で地殻変動により21戸が被災し、1983年三宅島火山災害では413棟の家屋が溶岩流の中に埋没し、そのたびに住民は移転を余儀なくされた。

　雲仙普賢岳の火山災害では土石流によって「安中三角地帯」（口絵2参照）では最終的に全半壊家屋は531棟に及んだ（写真3.1）。

　土砂で埋没した道路は公共事業により復旧が可能であったが、宅地内の堆積土砂の除去は現行の災害救助法でも対象者が限定されており[6]、しかも場所によっては5－6m堆積している土砂を個人で除去するのは不可能であった。安中三角地帯にある島原半島の大動脈国道251号も当初は土砂を除去していたが、道路が窪地となり雨が降るたびに両脇から土砂が流れ込むために除去を止めて堆積土砂の上に応急的な路面を確保した（写真3.2）。また火砕流が断続的に発生していたことから砂防施設の整備の見通しが立たず、

写真3.1　土砂に埋没した安中地区
1993年　国土交通省提供

写真3.2　土石流に埋没した安中地区
1997年　高橋和雄撮影

住民は降雨のたびに土石流によって被害が拡大することを危惧した。このため住民は、島原市に土砂を除去することなく、逆に被災していない家屋も残っている安中三角地帯に土砂を入れることによって地盤を高くし、その後土地区画整理事業によって土地を再生させる提案を行った。島原市は既存の公共事業には該当しないこの嵩上げ構想を島原市復興計画[7]に採用し、住民とともに事業を完成させた[8]。

　安中三角地帯の嵩上げ以外にも、近年恒久的な安全を目的に嵩上げを復興計画に取り入れるケースが散見される。具体的には 1995 年北海道南西沖地震の奥尻町のケースや 1999 年高潮災害後の熊本県不知火町のケースが挙げられる。これらはいずれも漁港集落環境整備事業によって集落が再生されたが、嵩上げに関しては、島原と同様に適用できる既存の制度がないことから被災地を土捨て場にするという方法がとられた。また河川関係では 1986 年台風 10 号で被災した茨城県下館市が直轄河川激甚災害対策特別緊急事業により宅地の嵩上げを行い宅地の集約を実施した。つまり、現在、大規模な嵩上げ事業は、河川災害の復旧事業では既往制度が見られるものの、海岸災害や山地災害では見ることができない。

　安全な地域づくりを目的に噴火や地滑りなどの災害に伴って生じた土砂を地域復興に有効活用する方法は、島原の事例をモデルに今後も多用されることが考えられる。このため、このような事業を円滑に推進するためには、事業が進行していく過程で住民の意識を変化させる要因や意志決定に関わる要因を解析し、把握しておくことが必要である。また既存制度によらない事業が復興全体の進展の中でどのような課題を有しているのかを明確にすることが必要である。

　そこで本章では、わが国で初めて実施されたこの復興事業のなかで住民がどのような要因に基づいて嵩上げに対する意思決定を行ったのか、また嵩上げ事業を通じて住宅再建をどのように考えたのかをアンケート調査により明らかにする[5]。また、アンケート調査に基づいてこの種の事業の今後のあり方を提言する。

2 安中三角地帯嵩上げ事業の経過

　図 3.1 は安中三角地帯嵩上げ事業の経過をとりまとめたものである。安中地区が最初に土石流に見舞われたのは 1991 年 6 月 30 日で、2 度目の土石流は 1992 年 8 月 8 日から 15 日にかけてであった。この年の秋、一部の住民の間から度重なる土石流から家を守るためには「土地の嵩上げをしないともうここには住めない」という声が出始めた。折しもこの年の 2 月 22 日には、長崎県から水無川水系砂防計画の基本構想が発表されたが、水無川 1 号砂防えん堤の予定地は災害対策基本法第 63 条の警戒区域に指定されており、火砕流の危険性があったため、いつ工事に着手できるか分からない状態であった。また、砂防施設の導流堤は逆ハの字の計画であったため、住民は仮に施設が完成しても隙間から泥流が宅地に流入することを危惧した。このような問題に加え翌 1992 年 2 月に発表された水無川の改修工事により堤防が嵩上げされると、安中地区の一部の地区は窪地になってしまうことが明らかになった。水無川と砂防施設に囲まれてしまうことから災害後には通称安中三角地帯と呼ばれるようになった。

　島原市は 1992 年 10 月、島原市復興計画[7]の策定に着手した。嵩上げを提案していた住民は島原市復興計画に嵩上げ構想の採用を強く働きかけ、島原市は事業手法が見つからないまま嵩上げ構想を盛り込んだ復興計画を 1993 年 2 月に発表した。この島原市復興計画[7]によると嵩上げ構想は、「防災都市づくり」のなかの「安全な居住空間の形成」として位置付けられた。

　その後、事業手法が 1993 年 5 月中旬に長崎県、島原市および住民の協議によって発案された。その方法は、行政機関に安中三角地帯を河川に流れ込んだ土砂や工事によって生じる土砂の土捨て場として活用してもらい、その土捨て料を残存家屋の移転補償費と土地造成のための費用に充てようというものであった。この手法に理解を得るため、5 月下旬には地元住民を対象に嵩上げを提唱していた住民グループによって事業の説明会が実施された。この住民運動により嵩上げ構想は多くの住民に認知され賛同が得られること

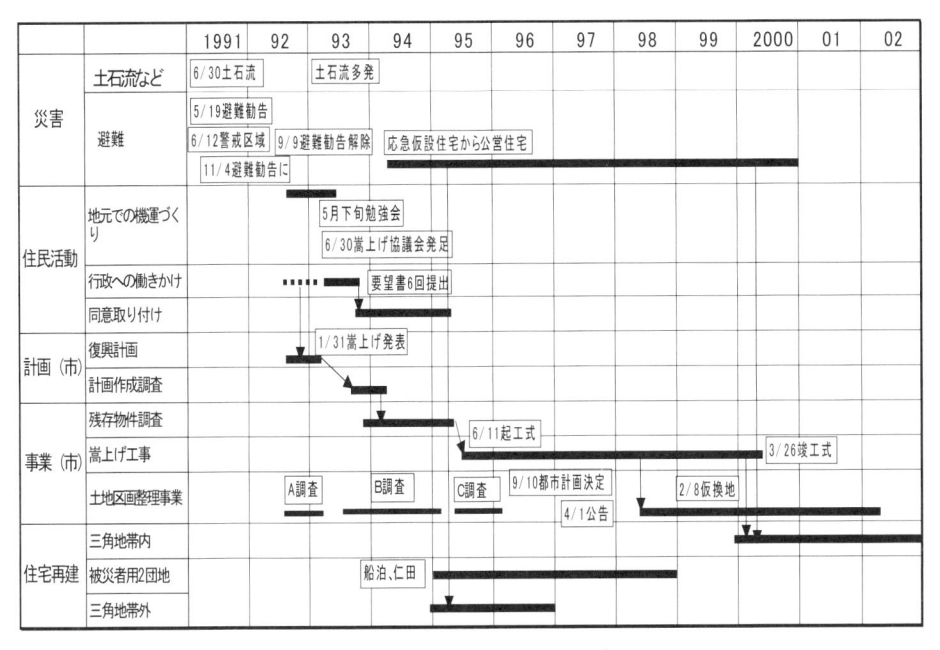

第3章　安中三角地帯嵩上げ事業に見る住民の合意形成過程　　45

図 3.1　嵩上げ事業工程表[5]

なった。しかし、この時期にはまだ事業の実施主体が決まっていなかった。

　事業手法の説明会が実施されていた時期の嵩上げ構想は主に住民主導で進められた。6月30日には安中三角地帯嵩上げ推進協議会が結成され、7月25日には住民主催で安中三角地帯嵩上げ総決起大会が開催され、8月25日には島原市に対して安中三角地帯嵩上げ推進協議会から嵩上げ推進の要望書が提出された。このような住民の活動を受けて1993年後半には島原市も具体的な嵩上げ計画の策定に着手し、あわせて移転補償費積算のために残存している家屋などの実態調査を開始した。島原市が策定した嵩上げ計画によると事業の必要性と効果は表3.1のようにまとめられた[9]。

　島原市が事業主体を島原市土地開発公社に決定したのは1993年10月で、この頃から嵩上げ事業は公的機関へと移行した。

　住民運動の最後の活動は、12月から開始された地権者から嵩上げに関する同意を取り付ける作業であった。これは事業そのものが既存の公共事業で

表3.1 嵩上げの必要性と効果[9]

項目	内容
必要性	・災害危険が不透明ななか、地元住民の「故郷に住み続けたい」という意向や決断に応える必要がある。 ・土地区画整理事業や農地基盤整備事業による再整備の実施にあたり、安中三角地帯を、防災事業と一体になったより安全性の高い土地として早急に蘇らせる必要がある。
効果	・住宅や農地、道路や鉄道、ライフラインなど、地域内のあらゆる施設の安全性が向上する。 ・流出土砂や防災工事にともなう残土の大量な処理が可能となる。 ・土砂の運搬処理が短いため、経済的であるとともに運搬公害が最小限で済む。 ・低地帯という心理的圧迫や環境上のデメリットが回避できる。

写真3.3 嵩上げ事業の状況 国土交通省提供

写真3.4 火山災害から復興した島原市安中三角地帯 国土交通省提供

はなく住民の発意によるものであったためである。

1994年に入ると住民は、災害の長期化に備え応急仮設住宅から災害用の公営住宅へと移転した。この年から嵩上げ事業は完全に行政の内部作業へと移行した。島原市土地開発公社は、移転補償費積算に必要な被災地内の残存物件の調査を実施し、島原市は1992年から土地区画整理事業の調査を進めていた。またこの年に実施された行政間の事務折衝としては、国土交通省や長崎県は嵩上げ事業を支援するための理論構築、各種復興事業との調整、土捨て料の積算などであった。国土交通省と長崎県が事業への支援を最終的に決定したのは4月であり、工事の始まりは1995年6月であった。この頃、嵩上げ完成を待ちきれない住民は被災者用の住宅団地（船泊団地、仁田団地）あるいは独自に場所を求めて住宅の再建に着手した。また、嵩上げ後に実施

されることになっていた安中地区土地区画整理事業は1998年3月に工事が開始された。

嵩上げ工事には主に砂防工事で発生した土砂330万m^{3}が搬入され、93.4haの安中三角地帯全域が民地のまま平均6m嵩上げされた（写真3.3）。工事に要した事業費は約91億円であった[9]。工事は住民の発案から7年半を要し、2000年3月に終了した。この事業の計画の詳しい内容と経過については参考文献の2)、8)、9)、10)を参考にされたい（写真3.3、3.4）。

3 嵩上げ事業に関する住民アンケート調査

(1) アンケート調査の概要

安中三角地帯の災害前の世帯数は324世帯である。このうち砂防事業などの公共買収の対象になった世帯を除いた嵩上げ事業の対象世帯は245世帯である。これらの世帯は2002年12月の時点でほとんど住宅の再建を終えていることから、元安中三角地帯居住者を対象に嵩上げ事業に対しての受け止め方、決断のプロセスなどを聞く目的で、以下のようなアンケート調査を実施した。

実施期間：2002年12月2日－12月31日
方法：訪問留置き
対象：220世帯（245世帯中で島原市内に居住し、入院中などを除き回答可能な世帯）
回収率：72％（159世帯/220世帯）
質問項目：住宅や農地の被害、嵩上げを聞いた時期、その必要性、実現の見通し、事業参加を決断した時期とその動機、実現を確信した時期、現在の感想、住宅への保険の加入の有無、移転補償の有無、住宅再建費、安中三角地帯外で再建した理由、再建の時期や再建地決定の理由など

(2) 現在の居住地と自宅の被害
①現在の居住地

表 3.2 現在の居住地（N = 159）（%）

安中三角地帯の中	仁田団地	船泊団地	左以外の安中地区	安中以外の島原市内	島原市外	無回答
25.2	10.1	8.2	33.3	15.7	5.7	1.9

　雲仙普賢岳の火山災害の災害では安中三角地帯の全世帯が移転を余儀なくされた。現在の居住地で最も多かったのは、安中三角地帯、仁田団地および船泊団地以外の安中地区で33%、次が安中三角地帯の25%である。安中三角地帯と二つの団地を含む安中地区の居住世帯は77%で、約80%近い世帯がふるさとである安中地区に再居住したことになる。また、被災者用として整備された二つの団地にはそれぞれ10%程度しか居住していない（表3.2）。この理由としては、最初に整備された船泊団地の分譲の募集が開始された時点、つまり1993年8月の段階で安中三角地帯の世帯には申込み資格がなかったことが挙げられる。一方、仁田団地の分譲開始は1994年9月であったが、整備された団地が丘陵地で、眉山に近かったことなどの理由から申込世帯が少なかったものと考えられる。

　②自宅の被害

　安中三角地帯が最も大きな被害を受けたのは、1993年4月末の土石流によるもので、40%の世帯がこのとき自宅が被災したと回答した。また、1991年6月30日（土石流が安中三角地帯を最初に襲った日）から1993年5月までに被災した世帯は71%であり、安中三角地帯の約70%の世帯が土石流で被災していたことになる。「最後まで被害はなかった」という世帯は20%であった。

(3) 合意形成のプロセス
①嵩上げについての認知

　表3.3は、嵩上げの話をいつ頃聞いたかを聞いた結果である。回答が最も多かったのは、1993年4月末の土石流後の住民主催の説明会で25%である。次が1992年8月の土石流の後で23%である。嵩上げの話は1992年8月

表 3.3 嵩上げについての認知[5] (N = 159)(%)

1992年8月の土石流の後	1992年11〜12月の市長選の頃	1993年1月の復興シンポジウムの頃	1993年3〜4月、大南町内会が要望書を出した頃	1993年4月末の大土石流後の嵩上げ説明会の時	1993年7月の嵩上げ総決起大会の時	嵩上げ総決起大会以降	無回答
22.6	6.3	17.0	15.1	24.5	3.8	3.1	7.5

の土石流の後は23%の世帯が知っており、その後住民の間に少しずつ広がり始め、1992年中には29%の世帯が嵩上げ構想を聞いていた。つまり4箇月の間に3世帯に1世帯が認知していたことになり、構想がかなり早い時期から浸透していたことがうかがえる。1993年1月の島原市主催の災害復興シンポジウム(写真3.5)を始め、機会あるごとに嵩上げ構想は住民の間に広がり、1993年7月の安中三角地帯嵩上げ総決起大会までには86%の世帯が周知したことになる。

写真3.5 災害復興シンポジウム
1993年1月 島原市提供

② 嵩上げの必要性

表3.4は、嵩上げの必要性について聞いた結果である。「是非とも必要だと思った」が最も多く50%であり、2世帯に1世帯が必要性を感じていた。また「必要がないと思った」と回答した世帯はわずか6%であり、「よくわからなかった」という世帯が19%いたものの、約50%の世帯が嵩上げの必要性について理解していたものと考えられる。

一方、事業の実現の見通しについて聞いた結果(表3.5)では、「できる

表 3.4 嵩上げの必要性[5] (N = 159)(%)

是非とも必要だと思った	必要ないと思った	どちらでもいいと思った	よく分からなかった	その他	無回答
49.7	5.7	22.0	18.9	0.6	3.1

表 3.5　事業の実現の見通し [5] (N = 159)（%）

できると思った	埋まってしまったところだけはできると思った	できないと思った	できるかどうか分からなかった	その他	無回答
31.4	15.1	9.4	40.3	0.0	3.8

かどうかわからなかった」が40%と最も多く、約40%の世帯が事業の実現性を疑問視していた。さらに「できないと思った」という世帯も9%おり、合計すると約半数の世帯が事業の実現を危惧していた。これに対して嵩上げが「できると思った」と回答した世帯は31%で、「埋まってしまったところだけはできると思った」が15%で、約半数の47%の世帯は事業はできると思っていた。これらのことから50%の世帯が嵩上げの必要性を認識し、ほぼ同数の47%の世帯が事業の実現を確信した。

③ 意志決定の時期

表 3.6　意思決定の時期 [5] (N = 159)（%）

1992年8月の土石流の後	1992年11〜12月の市長選の頃	1993年1月の復興シンポジウムの頃	1993年3〜4月、大南町内会が要望書を出した頃	1993年4月末の大土石流後の嵩上げ説明会の時	1993年7月の嵩上げ総決起大会の時	1993年12月の開発公社の説明会があった時	1993年12月末から始まった同意書取り付けの時	その他	無回答
17.6	4.4	10.7	16.4	15.1	6.9	10.7	7.5	1.9	8.8

表3.6は嵩上げ事業への参加を決断した時期について聞いた結果である。結果からは特定の選択肢に回答が集中するという傾向はみられず、最も多かったのは「1992年8月の土石流の後」で18%である。次が「1993年3-4月に大南町内会が要望書を出した頃」で16%、これに「1993年4月末の土石流後の説明会のとき」の15%が続いた。

1993年12月には島原市土地開発公社から住民に事業に関しての正式な説明が実施されたが、このときにはすでに71%の世帯が事業への参加の意志を固めていたことになる。

④ 意志決定の要因

表 3.7　意思決定の要因 [5] (N = 159、複数回答)（%）

窪地になるので必要だと思ったから	自力では土砂を除去できないと思ったから	嵩上げ推進協議会ができたから	開発公社で事業をやることが決まったから	移転補償費がある程度満足できたから	家族に勧められたので	親しい親戚や知人が賛同していたから	ほとんどの人が賛同していたので	その他	無回答
40.3	40.3	29.6	34.6	14.5	1.3	3.8	19.5	1.9	6.3

表 3.7 は意志決定の要因を複数回答で聞いた結果である。回答で最も多かったのが、「窪地になるから」と「自力で土砂を除去できないので」であり、両者とも 40％であった。次は「島原市土地開発公社がやるので」で 35％、これに「安中三角地帯嵩上げ推進協議会ができたので」が 30％と続いた。「窪地」と「土砂の排除」は、自力での復旧を断念したための表れで、そもそも嵩上げ構想の原点となった課題である。これに対し推進体制の面では、公的な組織である島原市土地開発公社が事業の実施主体になることが決まったことによって 35％の世帯が参加の意志を決めたことが分かった。また、特徴的なこととしては住民主体の安中三角地帯嵩上げ推進協議会の発足によって、安中三角地帯の 3 世帯に 1 世帯が決断しており、組織の発足が住民の決断を大きく促したことが明らかになった。

⑤ 事業実現の確信

表 3.8 は事業が実現できるという確信をもった時期について聞いた結果である。結果からは特定の時期の値が極端に高くなることはなく、全体の中では「島原市土地開発公社が事業の実施主体となったとき」という回答が最も多く 20％で、次が「1995 年の工事着手のとき」の 14％である。これらの結果から、住民は地元で構想が話題となってからずっと嵩上げの実現を危惧していたが、意志決定と同様に事業が公的な形で実施されることが決まった

表 3.8　事業実現の確信[5]（N = 159）（％）

1992年8月の土石流の後	1992年11〜12月の市長選の頃	1993年1月の復興シンポジウムの頃	1993年3〜4月、大南町内の嵩上げ説明会の時	1993年4月末の大土石流後の嵩上げ説明会の時	1993年7月の嵩上げ総決起大会の時	1993年12月の開発公社の説明会があった時	1993年12月末から始まった同意書取り付けの時	1995年6月の工事着手の時	その他	無回答
6.3	1.9	7.5	9.4	11.9	10.7	19.5	6.9	13.8	1.9	10.1

時点で事業の実現を確信した人が多かった。

事業実現の確信を意志決定との関係でみると、1993 年に事業の実施主体である島原市土地開発公社からの説明会が実施されるまでの意志決定は 71％であったが、この段階での事業実現の確信は 48％であった。多くの世帯が事業への参加を決めたものの、実現確信との差は約 20％あり、これらの世帯は実現に対して疑問視していたものと思われる。これを土地開発公社説明会後でみると、決心した世帯は 80％を超えたが、確信した世帯はまだ

70％であり、両者の差は縮まったものの、この時点でも依然10％程度の差があったことが明らかとなった。これらのことから事業への参加は決めたものの、一部の世帯は実現に向け確信を持つまでには至っていなかったことが把握できた。

(4) 嵩上げ事業に対する評価
① 事業に対する評価

嵩上げ事業が終了した現時点での当事業に対する評価を聞いた結果が（表3.9）である。「たいへん良かった」が59％、「おおむね良かった」が28％で、

表3.9 事業への評価[5] (N = 159)（％）

たいへん良かったと思っている	おおむね良かったと思っている	やるべきでなかったと思っている	よく分からない	無回答
59.1	28.3	2.5	5.0	5.0

両者を合計すると87％の世帯が事業を評価した。

② 工期への評価

表3.10は工期に関して聞いた結果である。「予想どおりだった」が23％、「予想よりも早かった」が20％であり、工期に対しては43％の世帯が評価している反面、「長過ぎる」と回答した世帯が45％おり、予定どおりの工期

表3.10 工期への評価[5] (N = 159)（％）

長すぎる	予想どおりの工期だった	予想よりも早くできたと思う	よく分からない	無回答
45.3	22.6	20.1	6.9	5.0

であったにもかかわらず、半数近い世帯が事業の期間が長いと感じた。

(5) 住宅再建の意向
① 住宅再建の状況

住宅再建の状況を聞いたところ、最も多いのが「安中三角地帯外にすでに建築」で56％である。安中三角地帯内は「すでに建築した世帯」(23％)と「現在建築中」(1％)と「2004年以降の予定」(3％)を合計すると27％になる。

これに「その他」と回答した世帯の中から安中三角地帯内と判断できる世帯（5世帯）を加えると合計は30％（48世帯）になる。つまり調査時点で回答者の56％が安中三角地帯外で、また30％が安中三角地帯内で住宅を再建している。

② 安中三角地帯外での再建の理由

安中三角地帯外で住宅を再建した世帯（96世帯）にその理由を聞いたところ、最も多い回答は「嵩上げが時間がかかりそうだったので」の67％で、これに「安中三角地帯は危険だ」の7％が続いている。つまり工期の長期化が一番大きな理由となった。

③ 安中三角地帯内での再建の理由

安中三角地帯内で再建を決めた48世帯を対象にその理由を聞いた結果、最も多いのが「土地があるから」で60％、次が「ふるさとだから」が35％で、再建したほとんどの世帯がふるさとでの再出発を希望していた。

④ 今後の再建意向

安中三角地帯外で住宅を再建した世帯に今後の安中三角地帯内での再建意向を聞いた結果が図3.2である。「今のところ考えはない」という世帯が30％いる反面、「今の住宅を売却できるならすぐにでも」という世帯が16％、「今の家はそのままにしても」という世帯が2％、「将来的には家を建てたい」という世帯が20％であり、38％の世帯が安中三角地帯内で住宅

■ 今の住宅を売却できるならすぐにでも
■ 今の住宅はそのままにしてでも家を建てたい
□ 今は無理だが将来的には何とかして家を建てたい
□ 今のところ、そのような考えはない
■ 今のところ、そのような考えはないし、宅地についても売却や借地を考えている
■ 分からない
■ その他
□ 無回答

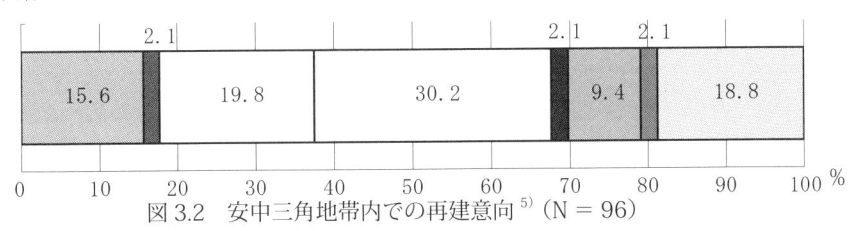

図3.2 安中三角地帯内での再建意向[5]（N = 96）

を再建したいという意向を持つ。

(6) 安中三角地帯のまちづくり

土石流災害で初めて実施された大規模な嵩上げ事業は、200世帯以上いた居住者が結果的には分散する形で一応の住宅再建を終えた。災害前の街は今新しい市街地に生まれ変わり、新たなまちづくりが始まった。

2004年4月30日の時点で、安中三角地帯内には113棟の住宅が完成し、さらに3棟が施工中である（島原市都市整備課資料）。住宅の建設は嵩上げ、土地区画整理事業を待っていた世帯がひとまず再建を終える2003年で一段落し、今後は徐々に住宅が増えていくものと思われる。

4　合意形成の過程に関する考察

(1) 時期別住民意識の変化

図3.3はアンケート調査結果を基に嵩上げの認知率と事業への参加の意志決定（決断率）と事業実現の確信率を時系列で整理したもので、図から住民の意識の変化は次の3段階に時期区分することができる。

① 第1期　再建模索期（1992年8月－1993年1月）

この時期は最初の被災から島原市が開催した災害復興シンポジウムまでの5箇月間で、この間8月の土石流で被災した3町内会の有志が中心になって嵩上げを行政機関に提案し、それが島原市が作成していた島原市復興計画[7]に位置付けられた。8月時点の嵩上げの認知率は23％で、「事業が実現する」と思っていた人はわずかに6％に過ぎなかった。しかし、災害復興シンポジウム後は認知率も約2倍の46％までに増えたが、事業実現の確信率は16％にとどまった。

② 第2期　嵩上げ定着期（1993年1月－1993年5月）

第2期は1月の災害復興シンポジウムから住民主催の事業の説明会までの4箇月間である。この時期の4月末には大規模な土石流が発生し地区の約70％が被災した。この土石流による被災後、嵩上げを提案していた住民有

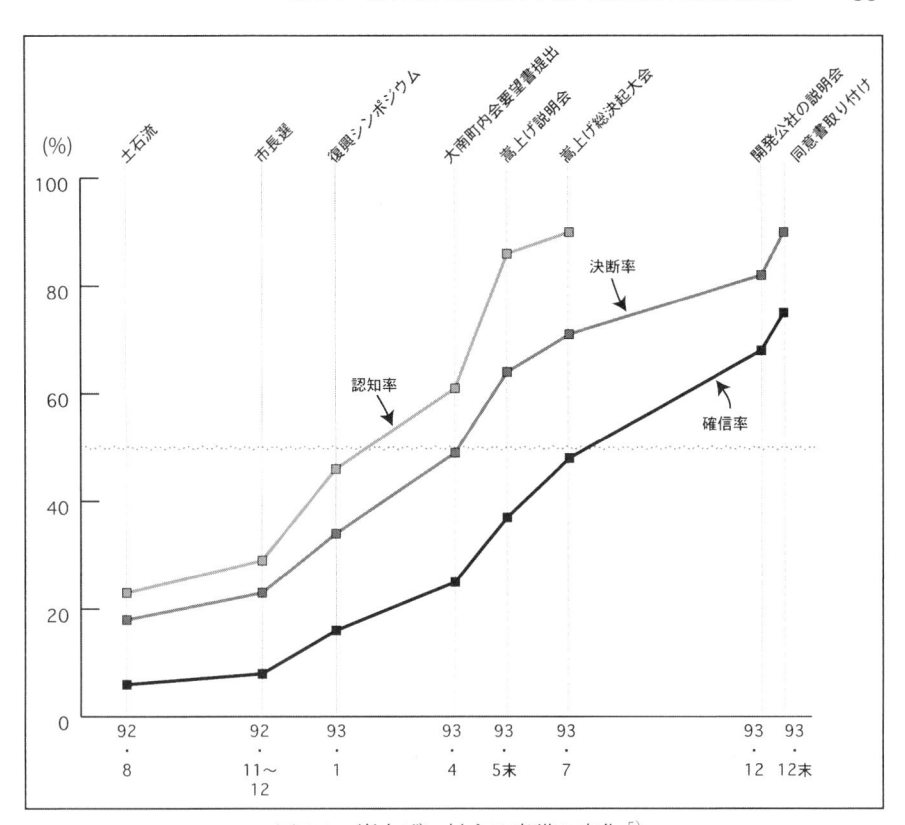

図3.3 嵩上げに対する意識の変化 [5]

志は、自ら地元住民を対象に嵩上げの勉強会を開催した。この結果、嵩上げの認知率は86％にまで増加し、事業への参加も1月時点で33％であったものが5月末には64％にまで増え、これに比例するように確信率も37％にまで増加した。

③ 第3期　事業化確定期（1993年5月－1993年12月）

この時期は、住民団体（安中三角地帯嵩上げ推進協議会）による嵩上げ同意書取付けまでの7箇月間である。6月には安中三角地帯嵩上げ推進協議会が発足、7月には嵩上げ総決起大会が開催され、8月には市に嵩上げ推進の要望書が提出されるなど事業化に向け機運が大きく高まった時期である。

このため、12月時点の認知率は92％となり、事業へ参加を決断した人は89％にのぼった。また実現を確信した人も74％に達した。

(2) 合意形成の考察
① 住民意識の変化の過程

嵩上げ構想が提案された1992年の認知率は23％から29％であり、住民発案の構想が4箇月の間に3世帯に1世帯の割合で周知されたことになる。その後構想の認知率は徐々に増加するが、一気に認知されたのは嵩上げ定着期に当たる1993年5月下旬の住民主催の説明会で、アンケート調査でもこのときの値が25％と最も高い。この説明会は住民の有志が防災の専門家に依頼して嵩上げの事業手法を地元住民に説明することを目的に開催されたもので、説明会後の認知率は86％にのぼり大きな効果を挙げた。

事業への参加が50％を超えたのも説明会の後で、ちょうどこの時期4月末からの土石流で安中三角地帯が壊滅的な被害を受けたことから多くの住民がこの構想に大きな期待を寄せたものと思われる。

事業実現の確信率が50％を超えたのは事業化確定期に当たる1993年12月で、島原市土地開発公社が事業の実施主体として決定した時期である。事業が公的な機関である島原市土地開発公社に決まったことによりそれまで48％だった確信率は一気に約20％増え、67％になった。公的機関の参加決定により多くの人が事業実現を確信した表れといえる。

以上のことから、認知率は住民主催の説明会で事業の内容が理解されたことから、また確信率は公的機関である島原市土地開発公社の事業への参加によって飛躍的に増加したことが把握できた。

② **事業に対する意識の相関**

事業に対する住民の意識を認知率、決断率および確信率の三つの意識に分けてその推移をみてきた。図3.3から各々の意識相互には以下のような関係がある。
・認知率と決断率の間には常に10－20％程度の差があったこと。
・認知率の約50％で確信率が推移したこと。

・決断率と確信率にはおおむね 20％程度の差があったこと。

つまり構想の認識が先行しこれから 10 − 20％低い値で意志決定が、また意志決定から 20％程度低い値で確信率が推移したことが把握できた。

③ 意志決定の要因

嵩上げ事業が既存の事業制度にないことはすでに述べた。したがって住民は構想が話題となった当初から事業主体について不安を抱き、1993 年 1 月に島原市が嵩上げ計画を正式に発表した直後の確信率は 16％に過ぎなかった。しかし、この年の 12 月には確信率は 74％に達した。1 年間で多くの住民が事業への参加を決め、しかも事業が実現するという確信をもった要因としては以下のようなことが挙げられる。

・堤防の嵩上げと導流堤の整備によって安中三角地帯が窪地になることに対し回避しようという意識が強かったこと。
・1993 年 4 月末の土石流によって壊滅的な被害を受け、もはや自力での復旧は困難だと判断したこと。
・公的機関である島原市土地開発公社が事業主体に決まったこと。
・住民の有志が嵩上げの必要性と事業実現の可能性について説明会などにより地元住民に対して積極的に説得をしたこと。

5　安中三角地帯嵩上げ事業システムに関する考察

この災害では、ふるさとを再生するために住民の発案によって大規模な嵩上げ事業が実施された。事業は 7 年半をかけて完了したが、安中三角地帯で住宅を再建した世帯は 25％に過ぎず、他の世帯は安中三角地帯外で住宅を再建した（図 3.4）。安中三角地帯外で再建した人は最大の理由として「嵩上げ事業に時間がかかりそうだったので」を挙げた。また工期の長期化以外にも安中三角地帯外再建の要因があり、図中にその主なものを示す。いずれにしても仮に工期が短かったら多くの世帯が安中三角地帯で再建していたことが容易に推測される。このことは今でも安中三角地帯外で再建した世帯のうち 38％の世帯が安中三角地帯内での再建を望んでいることからもわかる。

図 3.4 住宅再建のプロセス[5]

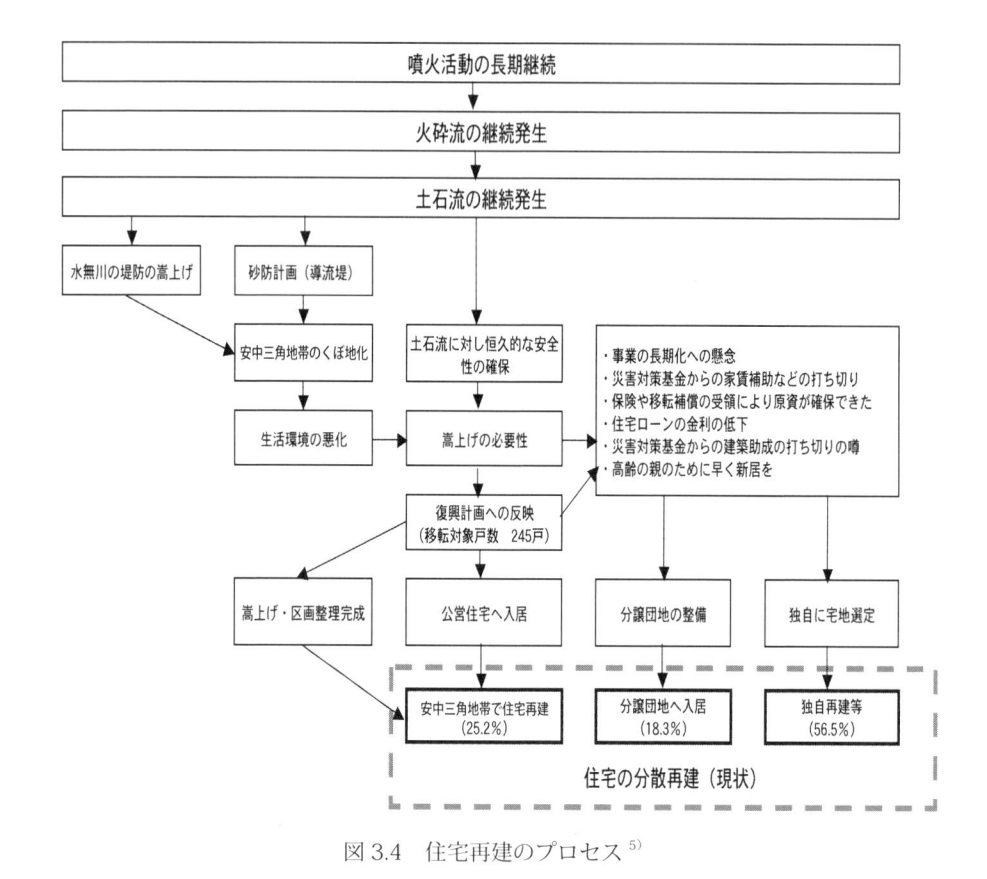

事業が長期化した要因として以下の二つがある。

(1) 事業の実施体制

島原で実施された嵩上げは既存の制度ではできなかったことから、事業の実施体制づくりの段階で課題が生じた。

島原市が正式に嵩上げ構想を発表したのは 1993 年 1 月だったが、事業の実施主体を決定したのは 9 箇月後の同年 10 月のことである。この間事業手法の開発や住民提案の構想を行政として実施するための位置付けの手続きのために時間が費やされていたことから事業は明らかに停滞した。

（2） 土砂の確保

　嵩上げ事業に必要な土砂は、計画では降雨によって河川や遊砂地に堆積した土砂を活用することにしていた。しかし、期待した土砂量は予測を下回り、一時は事業の遅れが懸念された。一方、砂防えん堤の工事に伴い大量の土砂が生じることが明らかとなり、これらの土砂が安中三角地帯に搬入され、嵩上げは当初の計画どおり5年で完了したが、いずれにしても非常にリスクの高い事業といえる。しかし、これが気象やほかの工事に依存しない制度に則った公共事業であれば、土砂は計画的に調達されることになるから、工期はさらに短縮できたと考えられる。

6　嵩上げ事業の制度化の提案

　土石流危険地帯であった安中三角地帯は、嵩上げ事業により土石流に対して恒久的な安全性を確保することができた。嵩上げによって被災地の安全性

表 3.11　主な嵩上げの事例[6]

	事例	嵩上げ事業	集落再建事業
水害	・茨城県下館市旭ヶ丘地区	・直轄河川激甚災害対策特別緊急事業（国土交通省）	・直轄河川激甚災害対策特別緊急事業（国土交通省）
	・島根県桜江町坂本地区	・水防災対策特定河川事業（国土交通省）	・自治体単独事業
	・愛媛県大洲市八多浪地区	・水防災対策特定河川事業（国土交通省）	・自治体単独事業
津波	・北海道奥尻町青苗地区	－	・漁港集落環境整備事業（水産庁）
	・北海道奥尻町初松前地区	－	・自治体単独事業
高潮	・熊本県不知火町松合地区	－	・漁港集落環境整備事業（水産庁）
土石流	・長崎県島原市安中三角地帯	－	・土地区画整理事業（国土交通省）

を高める復興は、島原市以外でも実施されており、その事例を適用された制度との関係で整理すると表 3.11 のようになる。嵩上げは土石流災害だけでなく水害や津波、高潮災害でも実施されている。水害に伴う復興としては、直轄河川激甚災害対策特別緊急事業や水防災対策特定河川事業によって嵩上げが行われ、その後土地区画整理事業によって社会基盤や宅地が再建される。一方、津波、高潮、土石流災害では、嵩上げを内容とした事業手法はなく、災害や土地造成などで発生した残土を活用して嵩上げを行い、集落は漁港集落環境整備事業や土地区画整理事業によって再建される。しかし、これらの制度は漁港区域や都市計画区域を対象としており、北海道奥尻町初松前地区のように既存の制度の対象とならない被災地は、自治体の単独予算によって事業が進められた。つまり、これまで述べてきたように、水害を除いて嵩上げを目的とした事業制度は皆無であり、現状のままでは、復興時に安全な宅地を創出することはきわめて難しいと考えられる。さらに復興段階で安全な地域づくりができなければ、結果的に被災地からの人口の流出が懸念される。このような事態を回避するためには、今後嵩上げを公的な事業として制度化することが必要である。仮に嵩上げが公共事業として制度化されれば、事業の実施体制や住民の合意形成に要する時間や必要な土砂も計画的に調達可能になることから事業の期間を著しく短縮することが期待できる。そして工期が短縮できれば多くの住民がふるさとで住宅を再建する可能性も大きくなる。

　今後は復興時において恒久的な防災まちづくりの一環として、この種の事業のニーズが高まることが予測される。迅速な復興は、被災者にとって最大の願望であることから、嵩上げ事業が公共事業として制度化されることが望まれる。また具体的な制度設計にあたっては、安中三角地帯の嵩上げや他の事例の教訓から以下の項目を検討する必要がある。

(a) 対象となる災害
(b) 事業の実施主体
(c) 事業の対象区域の設定方法
(d) 嵩上げ高さの設定の考え方

(e) 事業実施後の効果（安全性、経済性、地域社会への貢献）
(f) 嵩上げ後の宅地、農地およびインフラの整備
(g) 住民の合意形成
(h) 事業期間中の仮住居支援

7 まとめ

　以下に本章で得られた結果をまとめる。
・事業参加を促進した背景には、住民主催の説明会や総決起大会などが大きく影響していたが、なかでもとりわけ大きな要因となったのは、1993年4月末の土石流による被害の拡大と島原市土地開発公社の事業への正式参加、住民有志による説得活動が挙げられる。
・嵩上げ事業に対する住民の意識の変化は、まず構想の認識が先行し、これから10－20％低い値で事業への参加の意志決定が、また意志決定から20％程度低い値で事業実現の確信度が推移した。
・事業の工期の長期化が集落再建の大きな障害となり、嵩上げを待って安中三角地帯で住宅を再建した世帯は災害前の25％にとどまった。一方、安中三角地帯外で住宅を再建した38％の人が現在も自分の土地がある安中三角地帯での再建を希望している。このことから工期が短縮されていれば多くの住民が安中三角地帯で住宅を再建したと考えられる。
・集落の早期再建には、嵩上げ事業の工期の短縮が必要である。つまり嵩上げ事業が制度化されれば、事業の推進体制づくりの期間が大幅に短縮され、また盛土に必要な土砂も計画的に確保できることになる。今後も災害復興のなかの防災まちづくり事業手法として嵩上げ事業のニーズが増すことが考えられることから、嵩上げを公共事業として制度化する必要がある。

第4章 安中三角地帯の面的整備

1 まえがき

　安中三角地帯（口絵2参照）では、第3章で示したように地域住民と島原市が一体となって推進した嵩上げ事業が国土交通省、長崎県などの支援によって竣工した。嵩上げ後に、島原市施行の土地区画整理事業による宅地の整備や長崎県施行の農地災害関連区画整備事業による農地の関連復旧がなされ、2000年から自宅再建が本格的に開始された（写真3.4参照）。安中三角地帯に住宅を新築した世帯は、土地区画整理事業の約32.6haの区域に集中している。減歩により生み出された土地を活用して生活に必要な街路、公園などの基盤整備が行われた。また、事業費の一部に充てるため、保留地が確保された。保留地は38区画に分割され販売された。土地区画整理事業以外の区域では、災害前の住宅の位置に近く、農地に近接した地区に農業者が住宅を再建した。

　本章では、先行していた導流堤などの防災事業、道路・河川の災害復旧事業、嵩上げ事業およびその後の土地区画整理事業について課題を述べる。また、安中三角地帯で自宅を再建した世帯と新たに住宅を新築した世帯を対象に、嵩上げの出来具合、生活環境の利便性の変化、生活環境の整備のニーズ、農業の問題などに関するアンケート調査を基にして、住環境評価の分析をする[11]。

2 安中三角地帯の復興経過 （口絵4参照）

　安中三角地帯の嵩上げ事業については、1992年度末に島原市が実施した土地区画整理事業のA調査[12]では、導流堤建設予定地と水無川に囲まれる

表 4.1　復興計画と防災・災害復旧事業および安中土地区画整理事業の経緯

年度	復興計画	防災・災害復旧事業	土地区画整理事業
1992年	・島原市復興計画策定	・砂防施設計画構想修正 ・島原深江道路の事業化 ・水無川災害復旧助成事業着工	・土地区画整理事業A調査
1993年		・水無川拡幅着工 ・仮設導流堤着工 ・嵩上げ事業着手（測量）	
1994年	・島原市復興計画改訂	・仮設導流堤完了 ・本設導流堤着工	
1995年		・島原鉄道復旧工事着工 ・1号砂防えん堤着工 ・水無川災害復旧助成事業完了	
1996年	・安中・夢計画発表 ・がまだす計画策定		・土地区画整理事業の都市計画決定
1997年	・砂防指定地利活用構想策定 ・島原市都市計画マスタープラン策定	・島原鉄道全線開通 ・農地災害関連区画整備事業着工 ・1号砂防えん堤完了	
1998年		・島原深江道路開通 ・農地災害関連区画整備事業完了	・土地区画整理事業工事着工
1999年		・嵩上げ事業完了	
2000年		・導流堤完成	・土地区画整理事業概成
2001年	・がまだす計画終了		
2002年			・土地区画整理事業完了

　安中三角地帯の住民から水無川の拡幅整備、導流堤形成および宅地の嵩上げを要望する声が多いことが述べられている。1992年頃から本格的に防災工事および災害復旧工事の計画が策定された。島原市は1993年3月に島原市復興計画[7]を策定し、事業間調整を図る用意はできていた（表4.1）が、嵩上げの事業主体が決まっていなかった。1993年10月に、嵩上げの事業主体を島原市土地開発公社とすることが決定した。島原市都市整備課は、嵩上げ後の面的整備を土地区画整理事業で実施する考えを持っていたので、土地区画整理事業調査を実施して関係機関と調整を始めた。しかし安全性の確保が優先されたため、土地区画整理事業の都市計画決定は雲仙普賢岳の噴火終息後の1996年まで待たなければならなかった。

安中三角地帯の復興事業は、土地区画整理事業による住宅の再建や農地災害関連区画整備事業による農地の復旧からなっており、道路の配置や幅員が事業によって異なるおそれがあった。また、安中三角地帯周辺部でも、国土交通省、長崎県、島原市、深江町、島原鉄道、九州電力、NTTなどの複数の関係機関によって復興事業が進められていた。これらの事業は担当者の間で情報支援や調整はされたが、計画策定や事業着手の時期が異なることや事業制度の制約のため、面的整備は行いにくい側面があった。また、歩行者動線計画、集落施設などの賑わいの場の整備、植栽配置計画などが策定されなかった。特に農地の整備が先行的に行われたことが面的整備を行う上での制約となった。

　住宅の建設は安全性の確保が前提となるために、基幹となる砂防えん堤の建設後になることは止むを得ないが、全体的配置は経過段階からできたはずである。また島原市が自由裁量できるようなフレキシブルな予算もなかった。雲仙岳災害対策基金は被災者の生活再建などのソフト対策には活用できたが、ハード対策には活用できない仕組みになっていた。

3　安中・夢計画

　安中三角地帯の住民は、1996年に嵩上げ後のまちづくりを継続的に行うために、安中・夢計画を発表した。生活する住民の立場から国土交通省、長崎県および島原市が行う防災事業、復旧事業および嵩上げ事業とその後の土地区画整理事業に合わせて、まちづくりに必要なことを提案し、各種の計画に反映するよう要請した[10]。安中地区町内会連絡協議会は、行政主導で進められていくふるさと安中地区の復興事業に対して、地域の意見を計画に反映するために、策定にあたって、安中三角地帯嵩上げ推進協議会、農業関係者、漁業関係者および元上木場地区住民との意見交換と調整を行った。1996年8月に安中まちづくり委員会を発足させ、10月には「安中の未来を考える住民大会」を開催し、協議会発案として採択された。

　安中・夢計画では、下記の3点を今後のまちづくりの課題とした。

(a) 余剰労働力の増加と人口流出を懸念

　島原市の人口は減少傾向にあり、まちづくりを行う上で大きな課題である。
(b) 農業と漁業の再開意欲の低下を危惧

　後継者不足により利用されていない農地の活用など検討すべき課題である。
(c) 不透明な観光計画や集客対策を心配

　整備された火山関係観光施設の中には集客に伸び悩んでいる施設もあることから、各施設のネットワーク化を整備する必要がある。

　これらの課題を解決するために以下の五つの計画を策定した。

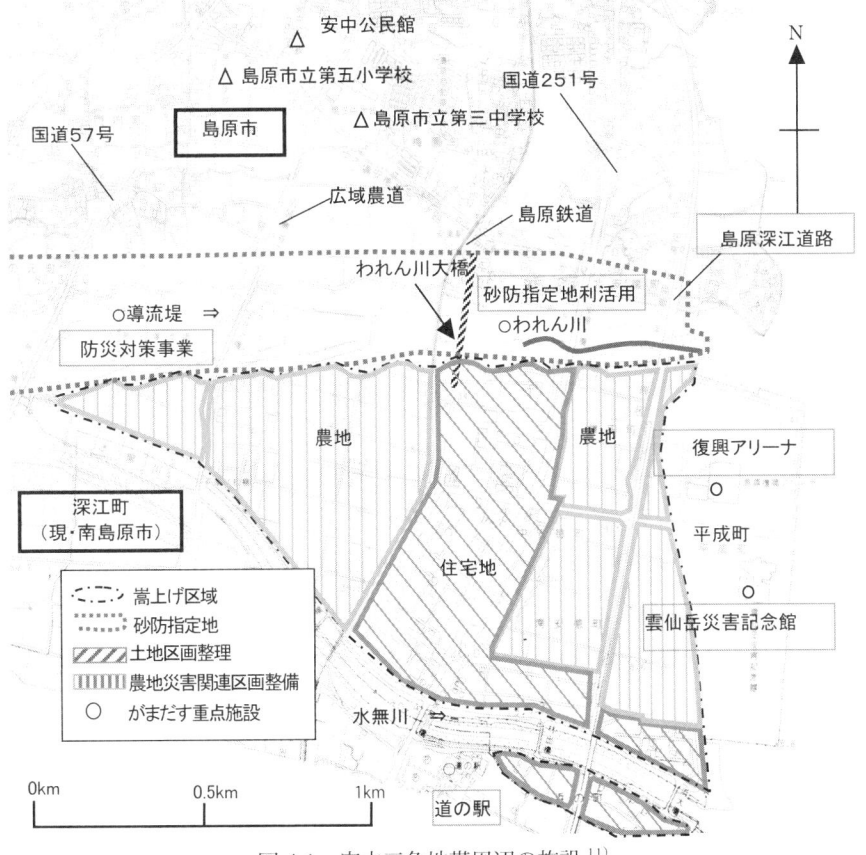

図4.1　安中三角地帯周辺の施設[11]

(a) 安徳集落を誰もが住みたくなるような美しいまちにする。
(b) スポーツと遊びを軸に、中・長期滞在型の観光地を目指す。
(c) 観光型の農業や漁業を導入し、第1次産業や地場産業を再興する。
(d) 火山観光の地域バランスとネットワークに配慮し、地元が確実に潤う仕組みをつくる。
(e) 高齢者に配慮したまちづくりによって、定住人口の増加を図る。

さらに、この計画では各地域の特性に合わせて、九つの地域ゾーニングを設定し、各ゾーンに45項目に及ぶ提案をした。安中三角地帯周辺の施設の位置関係を図4.1に示す。表4.2は、安中・夢計画の個別計画、計画内容およびその成果の一覧である。

この計画は安中地区の復興に際して、安中地区住民の生活再建の立場から各種の復興事業の連携を図ろうとするものであった。1996年度に策定することになっていた島原地域再生行動計画[13]に反映されるよう訴えたが、個別の事業は分野別に計画されており、地域を一体として整備する面的整備手法は取り上げられなかった。行政が縦割り組織であるために面としての提案をそのままカバーできる部門はない。キーワードに分けて分野ごとにまとめるとすでに提案されている個別の内容に項目として含まれており、この場合は対応済みとして処理された。項目にして分類すると再編成して計画策定は可能となるが、面としての計画は一つしかないので採用されにくかった。面

表4.2 安中・夢計画の個別計画と計画内容とその成果[11]

個別計画	計画内容	成果※
集落再建計画	1. 八幡神社移転と鎮守の森公園整備	○
	2. 16m幅員道路整備（安徳海岸－広域農道）	○
	3. 導流堤に新たな市道高架橋整備	○
	4. 新切集落整備	○
	5. 地区公民館の整備	△
	6. 従前の町内会の再現	×
	7. 伝統的なまち並み再現	×
	8. 都市下水・都市ガスなどの整備	×
	9. 地区公園の避難集合場所などとしての位置付け	○
	10. 湧水の活用など水の確保	×
	11. 火災の延焼に強いまち	○

分類	項目	評価
スポーツ振興計画	12. 安徳海岸埋立地に本格的な競技施設整備	○
	13. 導流堤内に練習施設の整備	△
	14. 競技者のために安中三角地帯に合宿所整備	×
	15. 導流堤を周遊するジョギング・コース整備	×
火山・防災学習施設計画	16. 上木場地区に慰霊碑公園、火山博物館などの整備	×
	17. 旧大野木場小学校被災校舎周辺に砂防体験施設の整備	○
	18. 貝野岳、岩床山、ボタン山に展望台とロープウェイの整備	×
	19. 上木場と大野木場の観光施設を結ぶ道路整備	○
	20. 1号えん堤直下の農業者のための連絡道路整備	○
	21. 清水川の復元	×
高原型レジャー振興計画	22. 上木場地区に子供が楽しめる観光施設の整備	×
	23. 将来的には砂防えん堤に牧草地、モトクロス場などの整備	×
	24. 上木場地区に研修宿泊施設の整備	×
漁業再生・海洋型レジャー振興計画（安徳海岸埋立地周辺）	25. 大規模な養魚場整備	×
	26. 水族館、海釣り施設などの整備	×
	27. 観光物産センターの整備	×
	28. コンベンション・ホールの整備	△
	29. 観光インフォメーションセンターなどの整備	×
農業再生計画	30. 農業生産拠点の整備	○
	31. 新たな農産物、農産加工品を開発する	△
	32. 安中三角地帯の農地は、観光型農園を導入	×
	33. 観光農地部分の幹線道路の整備	△
	34. フラワーランド事業の展開	△
高齢者まちづくり計画	35. 既存公営住宅を高齢者に低料金で貸し出す	×
	36. 安中三角地帯に医療・福祉施設の整備	×
	37. 導流堤内に高齢者向けスポーツ施設整備	×
道路・鉄道計画（観光ネットワーク計画）	38. 新安徳駅は幹線道路（安徳－農道）との交差部に設ける	×
	39. 島原鉄道とJR相互乗り入れ	×
	40. 安徳海岸埋立地と上木場、大野木場を結ぶ道路整備	△
	41. 観光施設を結ぶシャトルバスの運行	×
	42. 観光遊覧船の運航	×
	43. 遊歩道ネットワークの充実	△
	44. 袋小路状道路の解消	△
イベントによる集客計画	45. 火山博覧会や様々なイベントの継続開催	△

※○：実現したもの、△：一部実現したもの、×：実現できなかったもの

としての提案をそのまま議論する仕組みも必要と思われる。

4 復興基幹事業の間の調整と住民の評価

　長崎県は被災地の復興と振興を総合的に推進するため、1991年に知事直属の雲仙岳災害復興室を設置した[14]。これは知事の権限に基づき、計画策

定などに係る関係機関との連絡調整を目的に創設された。雲仙岳災害対策基金の創設などのソフト対策には対応できたが、ハード対策すなわち基盤整備の調整はできなかった。これは、国が補助事業ごとに予算付けを行うため、各事業間の連携がスムーズに行われなかったためである。たとえば、土地区画整理事業を実施する島原市は、関係機関を集めた調整会議を開いて事業間の調整に努めたが、前述のとおり大半の事業が整備中で調整できる自由度が少なく事業制度の制約などでうまくいかなかった。将来の地区の交通の拠点として島原鉄道の安中駅の新設を想定した整備もなされた。島原鉄道が水無川導流堤を跨ぐために、安中三角地帯では盛土となり、地域の分断要素となった。安中・夢計画の一部は、各種復興事業で実現したが、残りの部分についてはその後策定された砂防指定地利活用構想[15]や島原市都市計画マスタープラン[16]などに反映され、ここで一部具体化された。これらの関係は図 4.2

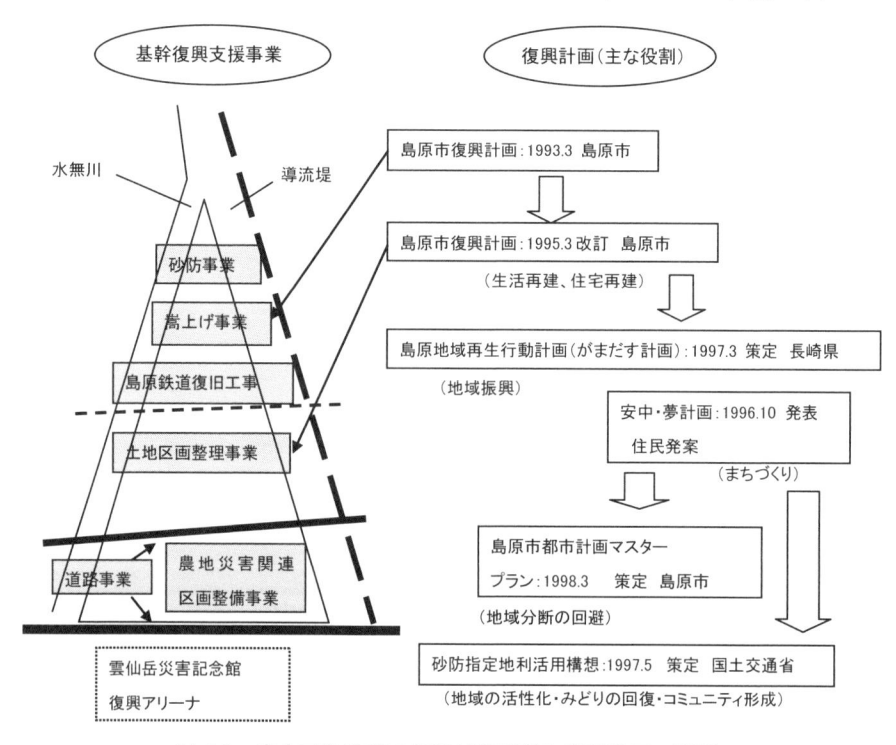

図 4.2 安中三角地帯の復興基幹事業と復興計画の関係

のとおりである。矢印は、復興計画で実施された復興基幹事業との関係と復興計画相互で影響を受けた関係を示す。復興計画の主な役割が面的整備を行う上で事業間調整の必要性を訴えていることがうかがえる。

2006年12月に安中地区住民を対象に島原復興に関するアンケート調査を実施した。復興に際して住民、市・町、県、国の関係機関の関係者間の連携はどうだったかを聞いたところ、図4.3のとおりであった。住民は、関係機関との連携は「普通であった」と認識し、「十分であった」は「不十分であった」より多い。

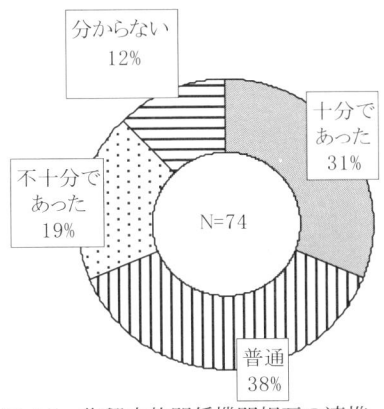

図4.3 復興実施関係機関相互の連携

5 安中三角地帯居住者の住環境評価

安中三角地帯では、嵩上げ事業により土石流に対する安全性は向上し、道路、街路、ライフライン、排水施設などの社会基盤は整備されたが、生活環境の整備、アメニティの形成、地域コミュニティの再生などは、これからのまちづくりの中で作り上げて行く必要がある。このため、安中三角地帯の住環境評価に関するアンケート調査を実施した[11]。

(1) アンケート調査の概要

安中三角地帯に住宅を新築した85世帯を対象に、「安中三角地帯に自宅を再建した住民アンケート調査」を、郵送方式によって配布回収した。アンケートは2003年12月に実施し、54世帯より回収した（回収率63％）。

(2) 回答者の属性

「災害前（1990年）から住んでいる」とする回答者は78％（42人）を

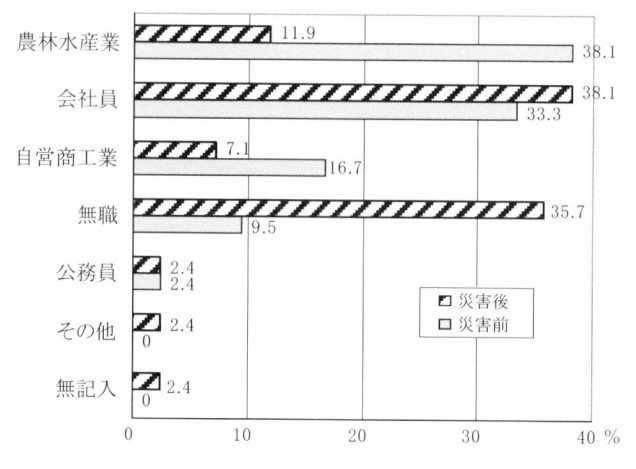

図 4.4　災害前後の世帯主の職業変化（N = 42）

占めた。災害前と現在の職業の変化を調べると（図 4.4）、災害前は「農林水産業」（38％）が多数を占めたが、災害後は「無職」が増えた。また、土地区画整理事業によって住宅の位置がどうなったかを聞いたところ、「同じ」と「異なる」が同程度であった。

(3) 嵩上げの出来具合と生活の利便性の変化

　嵩上げ後に行われた土地区画整理事業や農地災害関連区画整備事業により、宅地、街路、公園、農地、道路などが整備された。これらの配置や出来具合を聞いたところ、図 4.5 の結果を得た。「ほぼ満足できる」（67％）や「大いに満足できる」（22％）のように肯定する評価が多い。

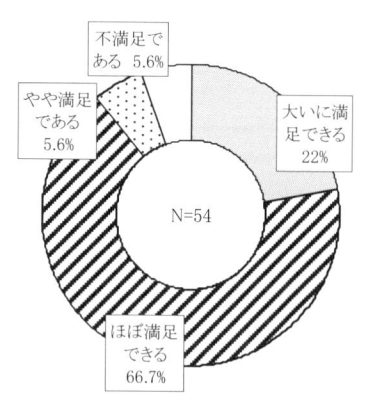

　また、生活環境の利便性の変化について聞いたところ、図 4.6 の結果を得た。「排水」、「土石流に対する安全」および「火災および防犯」は「良くなった」と評価が高い。一方、「近所づきあい」、「買い物」およ

図 4.5　嵩上げの出来具合の評価

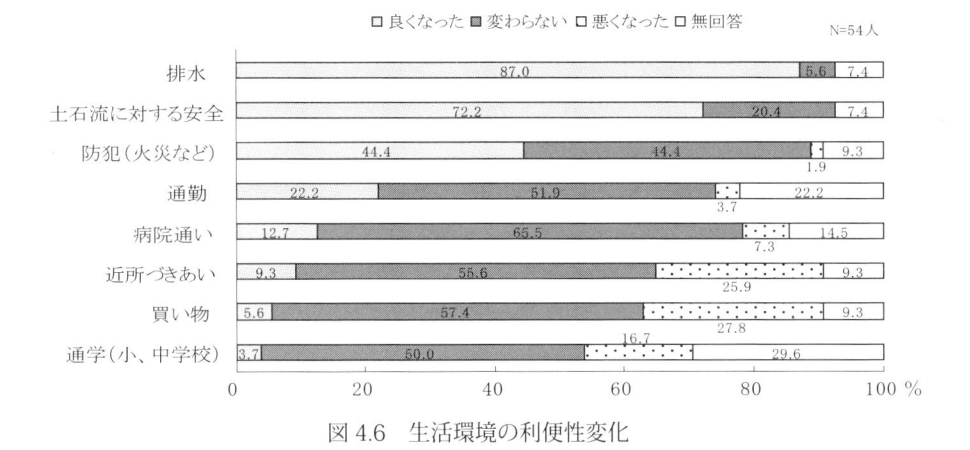

第4章　安中三角地帯の面的整備　71

図 4.6　生活環境の利便性変化

び「通学」は「悪くなった」とする回答が多い。「病院通い」および「通勤」は「変わらない」とする結果となった。現在の安中三角地帯の一部に住宅がまだ建設されていないこと、住宅の位置が災害前と変わったこと、町内会活動がまだ行われていないことなどの原因のため、「近所づきあい」が悪くなったと考えられる。また、この調査時点では安中三角地帯内には国道251号沿いにコンビニエンスストア、食堂などの店舗が数箇所しかなく、日常の買い物ができるスーパーなどの店舗が立地していない。さらに、導流堤により地域が分断され、安中地区の地域コミュニティの拠点である安中公民館や島原市立第五小学校までは国道251号と広域農道を使っていくため遠くなったことも反映している。地元の強い要望によって、国土交通省により架設されたわれん川大橋が2004年8月に供用を開始したことにより、生活環境の利便性は一部向上した。

　安中三角地帯で生活していて不都合なことや気になることを聞いたところ、図4.7の結果を得た。「風が強くなったこと」が目立つ。島原市や深江町では災害前と比べて風が強くなったことが水無川流域の農業関係者などから指摘されているが、安中三角地帯でも同じ現象が生じた。土石流・火砕流によって樹木が流焼失したことが主な原因であるが、安中三角地帯はさらに嵩上げによって基盤高が平均6m高くなったことによる影響も考えられる。

土石流災害から復興した熊本県水俣市宝川内集地区や福岡県西方沖地震で被災した福岡市西区玄界島の斜面地でも風が強くなったことが指摘されている。被災地の住宅や農地の周辺では高木を植樹することも必要と思われる。玄界島の斜面住宅地では斜面の安定のため、高木を植樹することが好ましくないとされている。災害前に比べて宅地が狭くなったことは、土地区画整理事業による平均減歩率25％の影響であり、少なからず不満を持っている。

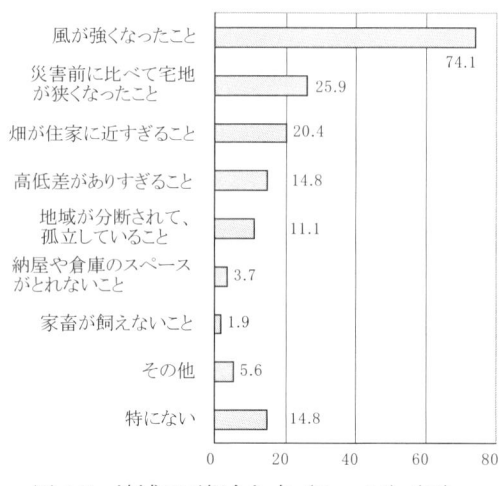

図4.7 地域の不都合な点（N＝54）（％）

- 風が強くなったこと 74.1
- 災害前に比べて宅地が狭くなったこと 25.9
- 畑が住家に近すぎること 20.4
- 高低差がありすぎること 14.8
- 地域が分断されて、孤立していること 11.1
- 納屋や倉庫のスペースがとれないこと 3.7
- 家畜が飼えないこと 1.9
- その他 5.6
- 特にない 14.8

(4) 安中三角地帯の生活基盤に必要な整備と生活環境の改善策

安中三角地帯内の生活基盤として整備して欲しいことを聞いたところ、図4.8の結果を得た。「島原鉄道の駅の新設」と「街灯の設置」が上位を占める。島原鉄道の駅の新設は、土地区画整理事業で駅前広場の用地は確保され、周辺には火山観光施設があるため、地域振興の点からも実現が待たれる基盤整備であったが、2008年3月に島原鉄道の

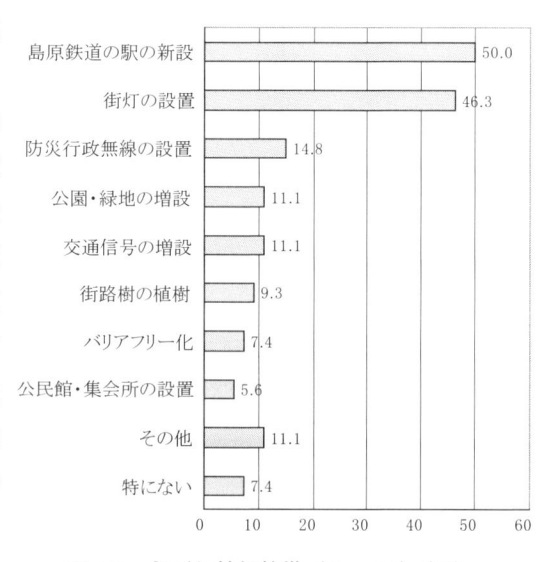

図4.8 必要な基盤整備（N＝54）（％）

- 島原鉄道の駅の新設 50.0
- 街灯の設置 46.3
- 防災行政無線の設置 14.8
- 公園・緑地の増設 11.1
- 交通信号の増設 11.1
- 街路樹の植樹 9.3
- バリアフリー化 7.4
- 公民館・集会所の設置 5.6
- その他 11.1
- 特にない 7.4

第 4 章 安中三角地帯の面的整備　73

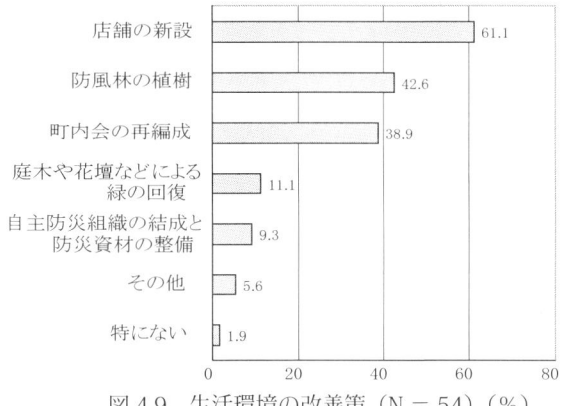

```
店舗の新設                   61.1
防風林の植樹          42.6
町内会の再編成         38.9
庭木や花壇などによる
緑の回復          11.1
自主防災組織の結成と
防災資材の整備      9.3
その他           5.6
特にない         1.9
```

図 4.9　生活環境の改善策（N = 54）（％）

島原外港－加津佐が廃線となったことから、実現はあり得ない状況となった。安中地区の復興のシンボルであるトロッコ電車、島原鉄道の巨大トラス橋が失われることになるため、跡地を活性化に活用する工夫が望まれる。

　次に、生活環境を良くするために必要なことを聞いたところ、図 4.9 の結果を得た。「店舗の新設」、「防風林の植樹」および「町内会の再編成」が多い。いずれも生活基盤や生活環境を整えていくために必要なことがらである。

(5) 島原深江道路周辺農地の土地利用のあり方

　安中三角地帯の有明海側で安徳海岸を埋め立ててできた平成町に雲仙岳災害記念館や復興アリーナなどの復興の拠点が整備されている（図 4.1 参照）。雲仙岳災害記念館には福岡県、熊本県などから観光客が入り込んでいる。平成町の土地利用形態は公有地であるため、民間の土産店や飲食店などの商業施設の立地が難しい。また、平成町と安中三角地帯の住宅地区との間には農地の復旧がなされ、畑として活用されているが、耕作されていない畑も見受けられた。住宅地とも分離されており、家屋はない。そこで、この農地は将来ともこのままで良いかと聞いたところ、図 4.10 の結果を得た。「このままで良い」（46％）と「このままで良くない」（39％）に大差はない。「このままで良くない」とする回答者にどうすれば良いかを聞いたところ、図 4.11 の結果を得た。「商業地区にする」とする意見が多い。当地域は復興の拠点

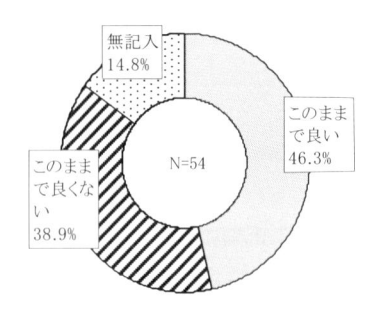

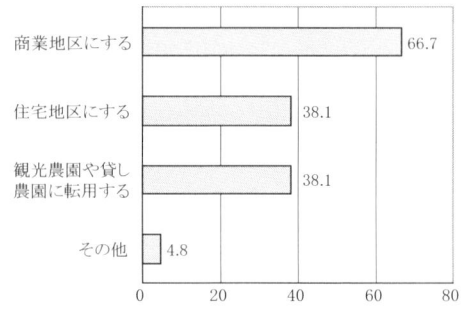

図 4.10　将来的な農地の土地利用　　図 4.11　農地の土地利用方法（N = 21）（％）

であり、安中三角地帯のまちづくりと連携した土地利用が望まれている。たとえば、温泉施設や商業施設とする意見がある。

(6) 農業について

　島原半島の基幹産業は農業で、安中三角地帯も農業が盛んな地域であった。雲仙普賢岳の火山災害で農地は大きな被害を受けたが、災害復旧や区画整備事業によって、農地の基盤整備がなされた。噴火継続中に農業から離れていた農業者がどの程度元に戻るかが地域の中・長期的な復興の鍵となっていた。このアンケート調査では、災害前に「専業農家をしていた」（19％）、「兼業農家をしていた」（22％）と回答した回答者に現在の状況を聞いたところ、図4.12の結果を得た。「専業農家をしている」（5％）、「兼業農家をしている」（32％）となっており、「農業をやめた」（59％）が半数以上もあり、このうち誰も再開を考えていない。やめた農家では「農業を再開したいと考えている」は0％であった。災害前に農家をしていた世帯主の現在の職業は、会社員と無職になっている割合が高い。このことは、長期の火山災害による環境変化で、転職や後継者がいなくなったためと推察される。さらに農機具購入のための初期投資が大きいことも再開できなかった原因であることが安中地区代表者から聞かされていた。しかしながら、深江町は農業が回復して人口が増えている。農業が基幹産業である島原半島では農業再開の支援、農業後継者の育成や農業者の呼込みが必要である。

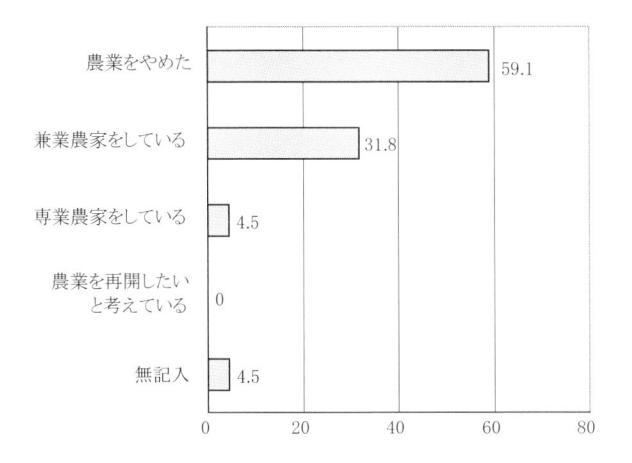

図4.12　現在の農業の状況（N = 22）（%）

6　まとめ

　安中三角地帯では、嵩上げ事業や土地区画整理事業が実施され、住環境の整備が行われた。土石流などからの安全性は向上したものの、他の復旧・復興事業との整備時期の相違などで調整が十分に行われなかったため、快適性や利便性が十分確保できないまま完成した。

　復興計画では、都市計画マスタープランで見られるような地域ごとの都市整備の方向性を示さなければならない。阪神・淡路大震災の復興では、土地区画整理事業実施にあたり、2段階で都市計画決定が行われ、区域、幹線道路、公園などの都市計画を先に決定し、住環境整備は住民の意見を聞いてから決める手法が実施された。たとえば、安中地区の土地区画整理事業をこの手法で実施した場合、国道57号と国道251号を結ぶ幹線道路の整備、導流堤を横断する生活道路整備などが可能であったと思われる。

　いずれにしても、住環境整備など面的整備を実施する際は、他事業との調整はもちろんだが、復興計画策定時から将来的なまちづくりを視野に入れて検討する体制・システムを整えておくべきであり、一体的復興を必要として

いることが分かった。
・復興基幹事業については「十分である」という高い評価である。
・嵩上げ後の宅地、農地、道路などの配置や出来具合は肯定的に評価されているが、生活環境の利便性では、「良くなった」とする項目と「悪くなった」とする項目に住民の評価が分かれている。また、生活していて不都合なことや気になることについては、「風が強くなったこと」とする住民の回答が多い。
・必要な生活基盤整備については、「島原鉄道の駅の新設」や「街灯の設置」が多い。また、生活環境を良くするために、「店舗の新設」とする回答が目立つ。
・島原深江道路周辺農地の利用方法については、「このままで良い」という回答と「このままで良くない」という回答に分かれている。「このままで良くない」という住民は、「商業用地にする」ことを求めている。
・農業については、災害前に農業をしていた世帯のうち、59％の世帯は災害後に農業をやめた。また、残った農地については、「営農希望者に貸している」とする回答が多い。
・行政が実施した基盤整備の一部には、「不十分」とする評価がある。安全性の向上が図られたが、生活環境の利便性や快適性が犠牲になっているとみられている。また、農地整備が行われたが十分に利用されていないことから、将来的な土地利用を考えた一体的復興が必要であることが分かった。

　もちろん、まちは住む人々によって時間をかけて出来上がっていくわけで、一朝一夕に出来るものではない。今後の地区の住民の取組みが本当の意味での再生の鍵を握っている。

第5章　先駆的な砂防指定地の利活用

1　まえがき

　雲仙普賢岳の火山災害で被災した島原地域では、火砕流や土石流で被災した水無川流域と中尾川流域の砂防指定地に砂防えん堤、導流堤および導流工などの防災施設が順次建設され、安全度の向上が図られた。

　砂防指定地とは砂防施設を設置する防災用の事業用地として公共買収した土地であり、砂防指定地内においては、砂防法に基づき土砂の流出を助長する一定の行為が禁止もしくは制限されている。しかし、雲仙における470haにも及ぶ広大な砂防指定地は、一部に雲仙天草国立公園に指定される自然環境を有する地域を含んでいる。また、地域住民の生活の場にも近接することから、土石流の発生が減少した平穏時においては地域住民や自治体から、地域の振興に役立つ砂防指定地の利活用のあり方が求められた。

　そこで、砂防設備の目的を損なわず、安全の確保を十分考えた上で、地域のニーズにできるだけ応えるとともに、みどりの復元や砂防指定地周辺の地域計画との整合性のとれた利活用を目指した雲仙普賢岳砂防指定地利活用構想がまとめられた[15]。これに基づいて水無川流域と中尾川流域の利活用が順次なされていった。砂防指定地の利活用は一般的には防災施設の整備終了後に施設が配置されない場所を活用してなされるが、雲仙では防災施設がまだ十分に整備されていない時期から利活用が検討され始めた。これによって、防災施設の建設と利活用が同時に検討され、利活用が地域の活性化やコミュニティの回復に寄与してきた。しかし、利活用の主体はあくまで砂防指定地を利活用したい地域住民・団体（町内会、NPO、組合など）である。砂防指定地の管理者である国土交通省雲仙復興事務所（工事中のみ、建設後には防災施設は長崎県に移管され、長崎県が管理）は利活用のための場を提供す

るだけで、利活用や利活用施設の維持管理の主体ではない。河川における河川敷のグラウンド利用や公園利用と同じ取扱いである。すなわち、国土交通省は利活用を支援するために砂防指定地内の整地程度の基盤整備しかできない。また、砂防指定地は公有地であるため、個人に利益をもたらすような利活用はできない。一方、広大な砂防指定地内のグラウンドや植栽した樹木を管理するためには、地域住民だけでなく、行政の支援が必要である。このような利活用の制約を考慮しながら、雲仙では砂防指定地の利活用が進められ、地域の復興やコミュニティの回復に寄与してきた。

　砂防指定地内にすべて防災施設が建設されることは考えられず、余ったスペースを平穏時に有効に使うことは地域振興の観点からも重要である。さらに、災害復興を進めるに当たって、受益者となる地域住民が防災事業、砂防に関心を持つことにもなり、事業の展開上にも効果があると判断される。雲仙の砂防指定地の利活用に見られる砂防施設の計画段階からの本格的な利活用は全国的にも例がなく、今後の国内における砂防指定地の利活用の参考になることが期待される。また、砂防指定地の利活用の課題を明らかにしておくことは、今後のほかの地域におけるスムーズな利活用に必要である。

　本章では、1995－2004年度までの10年間にわたる雲仙普賢岳砂防指定地利活用構想の策定と整備計画の経過とその内容を砂防指定地の利活用に係わる委員会での議論や関係者へのヒアリング調査をもとにまとめる[17]。また、2001年10月から2003年11月にかけて島原市民アンケート調査と2003年11月に行った観光客アンケート調査に含まれる砂防指定地の利活用関係の結果を示す。これらの調査は、利活用に関する住民の受取り、利活用の周知度および利活用ニーズなどを把握するために実施され、利活用整備委員会の進め方、広報のあり方、関係機関間の協力体制の構築などに活用されてきたが、今回これらを総括的にまとめた。

2　砂防指定地利活用の経過

(1)　災害復興計画における利活用の提案

1993 年 3 月に策定された島原市復興計画[7]において、雲仙普賢岳、災害遺構、砂防施設などを平穏時には地域の活性化のために積極的に活用し、火山観光化に役立てることが提案された。その後、中尾川流域などに被害が拡大したため、新たな復興の立案や水無川流域における計画の見直しが必要となり、1995 年 3 月に島原市復興計画改訂版[18]が策定され、砂防指定地の利活用のニーズがより明確にされた。深江町復興計画[19]においても大野木場小学校の卒業生を中心とする地域住民の強い要望に基づいて、火砕流で焼失した旧大野木場小学校被災校舎の現地保存が提案された。また、長崎県が策定した島原半島復興振興計画[20]や火山観光化推進基本構想[21]でも災害遺構、砂防指定地や防災施設を学習体験の場として利活用する火山観光化の構想が盛り込まれた。これらの砂防指定地の利活用は、防災施設がまだ建設されていない状況下で提案されたものであり、具体的な検討や関係者との合意形成はなされていなかった。いわば地権者の国土交通省に無断で利活用計画が提案されたことになる。

(2) 利活用構想の策定と整備計画

　1995 年度に雲仙復興事務所は、各方面から寄せられた利活用のニーズに適切に応えるために雲仙普賢岳砂防指定地利活用方策検討委員会（委員長 高橋和雄）を設置して、砂防事業との関係、地域特性、関連事業との係わりおよび利活用の目的などを整理して、砂防指定地の利活用のあり方や方向性などをまとめた。さらにこの基本方針に基づいて地域住民の利活用のニーズを把握するために砂防事業では全国初の公聴会が実施された。これにより、地域住民の意見を反映させた雲仙普賢岳砂防指定地利活用構想[15]が 1997 年 5 月に策定された。まとめられた構想は、水無川流域と中尾川流域の自然環境や地域特性を反映させて表 5.1 に示すように四つのゾーンに区分された。さらに、ゾーンごとの利活用方針に基づいて、利活用のイメージが検討された。水無川流域と中尾川流域の利活用構想を図 5.1 と図 5.2 に示す。水無川下流域は広域利用型になっているが、ほかの地域は住民日常利用型になっており、集客を目的としていない。

表 5.1 ゾーンごとの利活用テーマ[15]

ゾーン	上・中流域		下流域	
	水無川	中尾川	水無川	中尾川
利活用のテーマ	砂防体験パーク【自然復元】		スポーツレクリエーションパーク【自然修景】	
流域ごとのテーマ	アウトドアレクリエーション型体験パーク	自然学習・観察型体験パーク	広域利用型スポーツレクリエーションパーク	日常利用型スポーツレクリエーションパーク

　この利活用構想の実現に向けて、雲仙復興事務所は、利活用整備計画や砂防指定地の管理のあり方などを検討するため、1997年度から利活用の主体となる地域住民代表、学識経験者、国土交通省、長崎県、島原市および深江町よりなる雲仙普賢岳利活用整備計画検討委員会（委員長　高橋和雄）を開催し、整備計画の検討を進めた。長崎県や地元の自治体の参加は利活用についての支援や工事完成後の引継ぎを考えたためである。同委員会では地元住民を主体とした意見交換会（ワークショップなど）から得られた利活用整備案をもとに、具体的な利活用の方向性や今後の利活用の推進を検討した。防

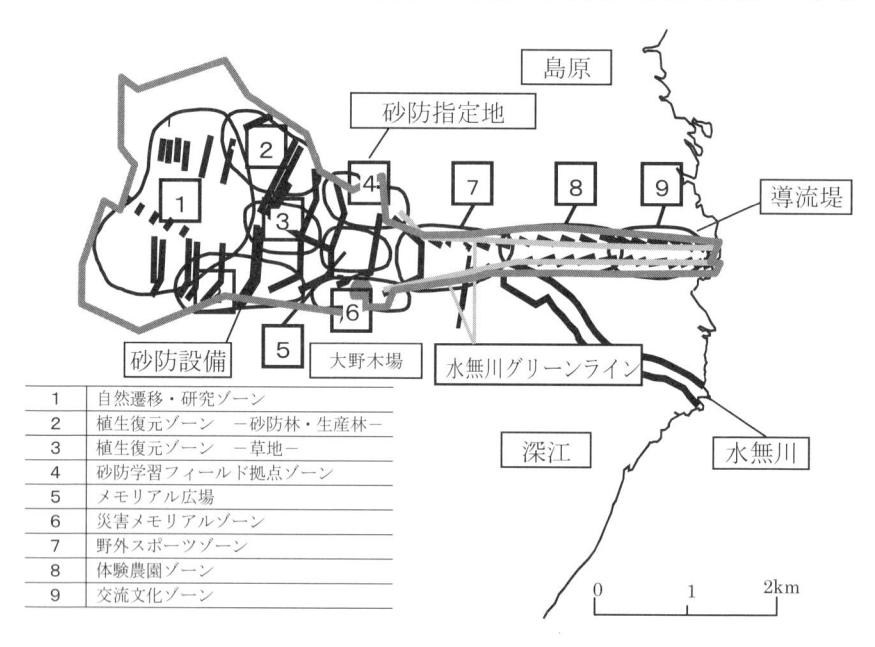

1	自然遷移・研究ゾーン
2	植生復元ゾーン　－砂防林・生産林－
3	植生復元ゾーン　－草地－
4	砂防学習フィールド拠点ゾーン
5	メモリアル広場
6	災害メモリアルゾーン
7	野外スポーツゾーン
8	体験農園ゾーン
9	交流文化ゾーン

図 5.1　水無川流域における利活用イメージ[15]

第5章　先駆的な砂防指定地の利活用　　81

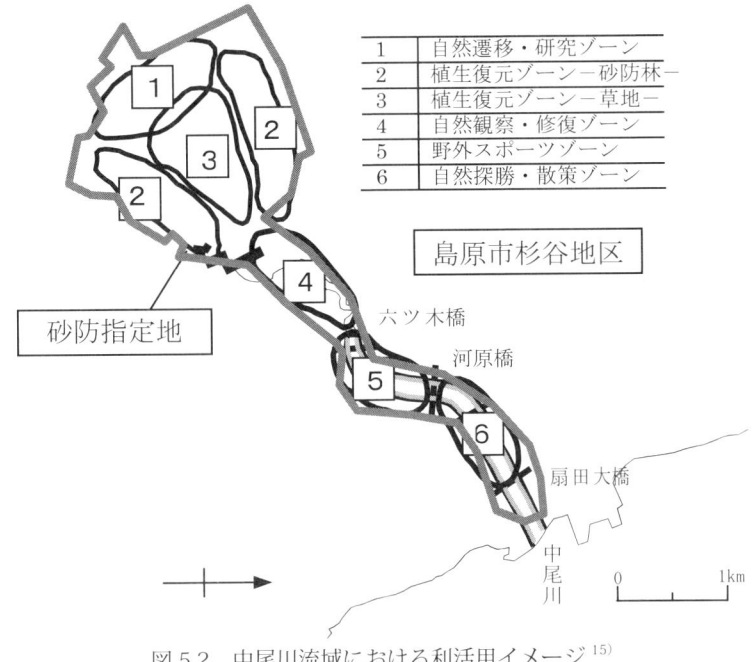

1	自然遷移・研究ゾーン
2	植生復元ゾーン－砂防林－
3	植生復元ゾーン－草地－
4	自然観察・修復ゾーン
5	野外スポーツゾーン
6	自然探勝・散策ゾーン

島原市杉谷地区

図 5.2　中尾川流域における利活用イメージ[15]

災施設の機能を損わないこと、砂防指定地の管理規則との整合性、利活用主体の確認、維持管理体制や国・長崎県・市町・住民の間の協力体制などを議論して、整備方策を決めた。2003 年の整備計画検討委員会で、水無川の上流域を除く利活用整備計画がまとまった。

　2004 年度の整備計画検討委員会は、これまでの 7 年間の成果を総括するとともに、社会情勢の変化や利活用の実態に対応したみどりの復元ゾーニングの整理と見直しを行った。広大な砂防指定地内の植生の回復について、整備・管理ゾーン、復元ゾーンおよび特に植樹を実施しない自然の遷移に委ねるそのほかのゾーンの 3 区分に分類した。

　整備・管理ゾーンは、積極的に整備管理するゾーンで、水無川の下流部のわれん川周辺が設定されている。復元ゾーンは、一定の期間後は自然の遷移に委ねるゾーンで、砂防えん堤袖部や導流堤修景盛土、利活用施設周辺などに相当する。広大な砂防指定地内の植栽計画の整理がなされたことになる。

2004年度の整備計画検討委員会でこれまでの経過を踏まえた整備計画の再検討がなされ、より現実的な整備計画が策定された。植栽活動の実績から一定期間の除草、施肥などの管理が重要であることが判明し、植樹のみでは目的を果たさないことと除草などの労力の確保を継続する必要が判明したことによる。

　この時点で島原においては復興事業がほぼ終了し、新たな復興事業の提案はない。利活用の主体となる地域団体などを支援する市町は財源難や市町村合併で新たな支援を行いにくい状況になった。このため、地域から新たな利活用の提案がなくなった。この現状を反映して、毎年開催されていた整備計画検討委員会は2004年度をもって解散した。しかし、この委員会の役目が完全に終わったわけではない。

　砂防指定地の利活用のような特殊な性格をもつ長期間の事業については、行政担当者が交代しても、継続した利活用ができることが不可欠である。雲仙における砂防指定地の利活用の委員会では、開催された委員会ごとの検討状況の経過をまとめた一覧表を作成して、これまでの経過を確認できる工夫をした。

　2004年度までの雲仙普賢岳利活用整備計画検討委員会の検討内容を表5.2にまとめた。この表の短期的利活用整備計画については、整備計画検討委員会で合意がなされれば、すぐに着手され実施された。

(3) 水無川流域の利活用の進捗状況
① 下流域

　水無川下流域では短期の整備計画として導流堤内地のふるさとの森、われん川および水無川グリーンラインが実現した。ふるさとの森は、安中三角地帯の嵩上げで除去されることになっていた、土石流による被災を免れた樹木をふるさとの思い出として残すために、導流堤内地に盛土して移植したものである（写真5.1）。

　ふるさとの森に隣接するわれん川は、水無川導流堤内の下流にある湧水箇所から有明海に注ぐ小河川であり、噴火以前は湧水による清流が地区の中を

表 5.2　雲仙普賢岳利活用整備計画検討委員会の検討内容 [15]

年度	短期利活用整備計画	中長期利活用整備計画
1997 年	・水無川グリーンライン ・水無川スポーツレクリエーションパーク ・災害メモリアルゾーン拠点	・植生復元計画の方針
1998 年	・利活用モデル実施案（水無川ふるさとの森、旧大野木場小学校周辺整備など） ・中尾川ゾーニング	・みどりの復元方針 ・遺構保存プロジェクト
1999 年	・治水安全度の向上と整合した利活用条件の検討 ・利活用手続きなどの取扱い方針の検討 ・具体的な取組み方策の検討（われん川整備第 1 工区、観察の森など）	
2000 年	具体的な利活用の推進について ・われん川整備（第 2、3 工区） ・水無川グリーンライン植栽計画	今後の利活用の方向について ・砂防指定地一般開放区域の設定に伴う安全確保に関する検討 ・中尾川利活用に関する検討 ・遺構保存に関する検討
2001 年		・農業研修所跡地遺構保存の整備基本方針の検討
2002 年	・われん川第 2、3 工区の整備・管理に関する報告 ・水無川導流堤周辺の植栽における土石流の影響に関する検討	・中尾川利活用推進方策の検討
2003 年	・水無川グリーンライン植栽実施計画 ・われん川の水質改善策	・農業研修所跡地周辺の利活用検討 ・中尾川上流域の利活用に関する検討 ・みどりの復元管理基本計画の検討
2004 年		・利活用実施箇所の現状と今後の検討方針 ・植生回復状況と今後の方針 ・利活用とみどりの復元ゾーンの整理

流れ、水辺は地域住民の洗い場や憩いの場として利用され、地域の生活に溶け込んでいた。土石流による被災を免れたわれん川の湧水は、安中地域住民にとって被災前の面影を残す唯一の遺構であり、貴重な財産であった。

　そこで、地元の要望によって砂防指定地の利活用の整備の一環としてわれん川の整備が進められ、「自然」、「ふるさと」および「憩い・集い」の三つのテーマにしたがって、住民参加型事業として国土交通省が基盤整備を担当し、川づくり（水路、飛び石、池の整備）は地域住民の手作業でなされた（写真 5.2）。

　竣工後には、NPO 法人島原普賢会を中心とした地域住民や小学生により、魚の放流、草刈りおよび清掃が行われるなど、地域住民と行政が協力し合

いながら、利活用や維持管理がなされている。われん川は地域の人々の散歩や子供たちの遊び場、小学校の野外活動の場のほかに、毎年 11 月（1990 年に噴火開始した月）に開催される雲仙普賢岳フェスティバルなどのイベントの会場として利用された。しかし、われん川の全河川にわたって、藻類が発生していることから、対策として、木陰を作ることによって直射日光を遮り、水温を下げる水質改善策が検討された。

写真 5.1　ふるさとの森の植樹
1999 年 3 月　高橋和雄撮影

　ふるさとの森やわれん川の整備は、火山災害で被災した安中地区の地域住民が、水無川流域で生活を再建する動機付けとしても大きな役割を果たした。ふるさとの森やわれん川の整備はいずれも住民発案の利活用計画に対して、国土交通省が利活用の場を用意して実現した。いずれも砂防指定地の利活用の成功例といえる。しかし、遊砂地を球技などのスポーツに活用する空間の利用のニーズは高いとはいえなかった（写真 5.3）。

　2000 年度に豊かな自然環境の復元・再創造の実現に向けた水無川グリーンライン植栽計画が策定されて、一部植樹希望者を受け入れていた。2000 年から 2002 年にかけての受入れ実績や委員会での議論から、植栽の樹

写真 5.2　復元された湧水われん川
2007 年 7 月　高橋和雄撮影

写真 5.3　われん川と導流堤整地部分
2008 年 10 月　高橋和雄撮影

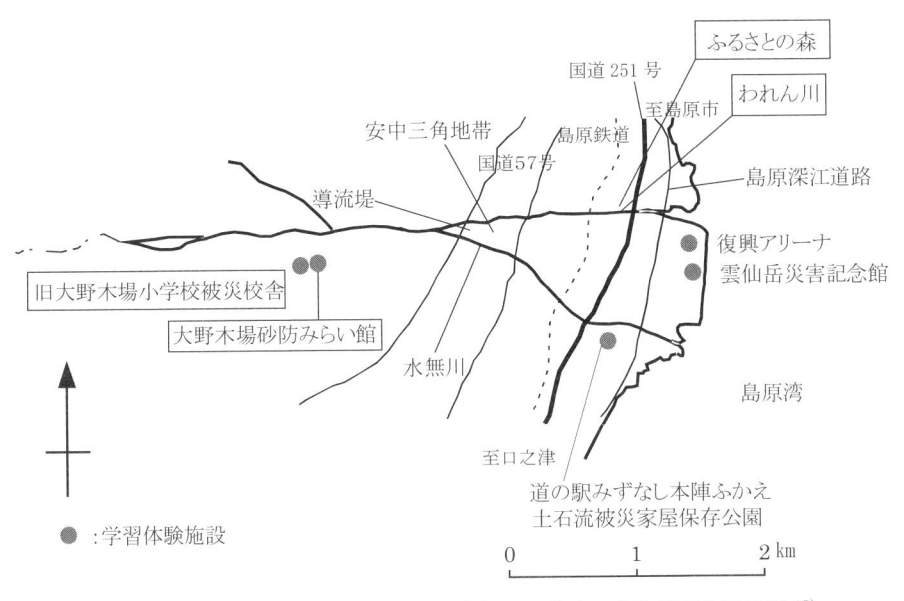

図5.3 水無川流域の利活用の拠点施設と火山・砂防学習体験施設[15]

種、密度（間隔）、混植の方法などの実施レベルの植栽実施計画と除草などの維持管理計画がないと、グリーンラインの実現が困難なことがわかった。2003年度にこの課題を解決するために、植栽の方針、植栽樹種、受入れルールおよび維持管理方法が再検討され、実現可能な植栽計画に見直された。この計画を基に水無川下流域において島原温泉観光協会による緋寒桜の植樹活動がなされている。

②中・上流域

雲仙普賢岳の眺望に恵まれ、砂防えん堤群が見渡せる中・上流域では旧大野木場小学校被災校舎の現地保存、大野木場砂防みらい館の建設、1991年6月3日の火砕流で被災した農業研修所跡地遺構保存などがなされ、火山・砂防学習の拠点の機能を発揮している（図5.3）。この旧大野木場小学校被災校舎の現地保存は、この砂防指定地の利活用の構想によって保存の目的、耐久性の確認、維持管理の主体が明らかにされ実現した。

火砕流災害遺構で鉄筋コンクリート構造で耐久性が確保できる旧大野木場

写真 5.4　1991 年 9 月 15 日の火砕流で焼失した深江町立大野木場小学校。この校舎は火砕流災害遺構として保存された。
　　1991 年 11 月　杉本伸一撮影

写真 5.5　大野木場小学校被災校舎
　　　　　国土交通省提供

　小学校被災校舎は火山災害を国内外に伝承する役目を持ち、深江町が維持管理を行っている。旧大野木場小学校被災校舎の見学者は毎年 8 万人程度と推定され、保存の目的を果たしている（写真 5.4、5.5）。火砕流で被災した 1991 年 9 月 15 日にちなんで、旧校舎の校庭で 9 月 15 日に子供たちを主体とした大野木場メモリアルデーが毎年開催された（写真 5.6）。旧大野木場小学校の校庭にあったイチョウの木は火砕流によって焼失したと考えられていたが、翌年春に芽を吹き、人々にふるさと再生の勇気を与えるとともに復興の象徴や災害学習の教材となっている（写真 5.7）。

写真 5.6　大野木場メモリアルデー 2003
　　2003 年 9 月　高橋和雄撮影

写真 5.7　火砕流による焼失からよみがえったイチョウの木
　　2008 年 6 月　高橋和雄撮影

大野木場砂防みらい館は、火砕流遺構として保存された旧大野木場小学校被災校舎の隣にあり、雲仙普賢岳の溶岩ドームの監視、砂防工事従事者などの避難場所の確保、緊急時の無人化施工の操作室の確保、火山砂防学習ミュージアムという四つの機能を持つ（写真 5.8）。水無川流域の砂防指定地の利活用は住民の発案によるものであるが、この施設は国土交通省が砂防工事の安全管理の目的のために建設したものである。

写真 5.8　大野木場砂防みらい館
2006 年 1 月　高橋和雄撮影

1991 年 6 月 3 日の火砕流で焼失した島原市北上木場の農業研修所は噴火開始直後には土石流に対する避難所で、火砕流の発生直後は消防団員の詰所となっていた。住民が避難した地域を守り、土石流を監視していた消防団員 12 人が 1991 年 6 月 3 日の火砕流で被災するとともに、建物と消防車などが焼失した（写真 5.9）。災害の伝承のために、地域住民からの農業研修所跡地の保存の要望を受けて、利活用整備計画で保存案が検討された。この結果、地元保存会と島原市によって消防車や建物の基礎が保存され、慰霊碑と

写真 5.9　火砕流で焼失した農業研修所
2001 年 11 月　杉本伸一撮影

写真 5.10　農業研修所跡
2007 年 9 月　高橋和雄撮影

写真 5.11　農業研修所跡に復元された半鐘
2007 年 9 月　高橋和雄撮影

半鐘が設置された（写真 5.10、5.11）。地元の保存会によって、周辺の草刈りなどの日常的な管理が行われている。利活用としては、毎年 6 月 3 日のいのりの日に被災した消防団員の遺族のお参りの場となっている。農業研修所跡地の周辺は、現在も砂防工事が実施されている区域で、日常的な利活用はできないが、工事用道路が管理道路として活用され、関係者が立ち入れる場となっている。しかし、利活用はあくまでも地域住民が対象である。大型駐車場を造成して、観光客が集まるような利活用の形態は想定されていない。

　大野木場砂防みらい館は、すでにオープンしている土石流被災家屋保存公園、雲仙岳災害記念館、平成新山ネイチャーセンターなどの火山学習・体験の拠点施設と役割分担や施設間のネットワークを図りながら、火山と共生した火山観光による地域振興に活用される計画である。このように、拠点施設のネットワークを図る環境整備を第 6 章で述べる平成新山フィールドミュージアム構想という。この構想会議でも砂防指定地の利活用が重要視され、砂防指定地内の遊歩道の整備や新たな学習・体験や災害遺構の掘起こしがなされた。水無川 1 号、2 号砂防えん堤の袖部に桜などの植樹がすでになされており、巨大構造物を自然環境に溶け込ませている。砂防工事が上流部に展開するにしたがって、砂防指定地内の火砕流で被災した柿の木が保存され、1991 年 6 月 3 日の火砕流で報道関係者や地元タクシー運転手が被災した定点（写真 5.12）へのアクセスが整備された。さらに、焼失した集落の畑で

写真 5.12 マスコミの取材陣が山の写真を撮影していた定点
2007 年 9 月　高橋和雄撮影

写真 5.13 火砕流によって被災した柿の木
20007 年 9 月　高橋和雄撮影

火砕流の熱風によって吹き飛ばされた柿の木が甦り、地元の人によって草刈りなどの手入れがなされている（写真 5.13）。2008 年には国道 57 号の上流に導流堤を跨ぐ吉祥白天橋が建設された。島原市都市計画マスタープラン[16)]に地域の分断要素の回避策として入れた計画が実現した。

(4) 中尾川流域の利活用の進捗状況
① 上流域
　中尾川流域の上流域では、砂防指定地内にみどりを回復し、土砂移動の抑制、景観の調和を図るため、千本木 1 号砂防えん堤の右岸袖部や導流堤周辺において卒業の森や昆虫の森などの植樹が地元団体やボランティアによって行われた。みどりを復元するためには、植樹した後の一定期間にわたり除草などの維持管理、被災地域におけるみどりの回復の評価および土砂移動の抑制効果の評価をしながら実施していくことが必要である。雲仙普賢岳全体のみどりを復元するために、関係機関が参加した「雲仙普賢岳みどり復元連絡会」が設立され、情報交換をしながらみどりの復元がなされてきた（写真

写真 5.14　植樹活動
2006 年 2 月 13 日　杉本伸一撮影

写真 5.15　火砕流によって飛ばされた鉄板が絡まったタブの木
2008 年 10 月　高橋和雄撮影

5.14)。みどりの回復については、専門的知識が要求されるため、モニタリングを実施しながら、植樹・維持管理方策が検討された。地元のボランティア団体によるふるさと本来の郷土樹種による緑化活動が続けられている。

　上流域はこれまで取り組んできた成果を踏まえて自然環境の復元と学習の場として位置付けられている。火砕流や土石流で被災した自然の復元や自然学習の場、間近に見える砂防えん堤群や、鉄板が絡むタブノキ（写真 5.15）などを通じた砂防学習の場および歩道や観察の場となるスペースなどを整備する方針である。具体的にはみどりの復元の場、観察の森、自然災害の学習の場および焼山湧水利活用の場としてゾーニングされた。なお、中尾川上流部において千本木地区の災害遺構は保存のための工事は行わず、砂防事業にかかる場所以外はそのまま残すことになり、焼山湧水周辺に散策や水遊びができる公園、野外活動が行える施設を設ける予定である。しかし、利活用の主体、島原市などの行政による支援などの具体的な計画はなく、メニューの提案のみとなっている。これまで利活用に当たっての財政的支援の原資であった雲仙岳災害対策基金の終了、市町村合併による行政の枠組みの変化、地元の県・市町の厳しい財政難、地元の利活用主体がないことなどで実現の見込みはまだたっていない。

　②中・下流域
　中・下流域では、遊砂地や導流工の工事が着手されるとともに利活用の検

討が開始され、2002年度に地元住民を中心としたワークショップで利活用計画がまとめられた。雲仙普賢岳砂防指定地利活用整備計画検討委員会において、図5.2に示すように区間ごとにテーマを整理した計画が承認された。これによれば、六ツ木橋から河原橋の遊砂地はふれあいの広場として、サッカーやゲートボールなどの野外スポーツに多目的利用できる運動公園として利活用できる計画である。河原橋から下流域の導流工については花と散歩の水辺として、散歩路や親水空間として利活用できる計画である。工事が進んでいる遊砂地では、サッカー場、野球場、ゲートボール場などのための整地がなされた（写真5.16）。

　遊砂地や導流工などの広大な砂防指定地をグラウンドや遊歩道として利活用する場合には除草などの維持管理に労力を要することから、農機具を利用した除草や栽培方法などが検討された。このような利活用を可能にする整地や農機具搬入の通路の整備が実現した。

　中尾川流域では火砕流や土石流によって被災した千本木地区の住民が分散して住宅を再建したためか、砂防指定地の利活用については水無川流域の安中地区のような熱心なリーダーがいなかった。しかし、2008年に入ってか

写真5.16　スポーツグラウンド用に整備された中尾川導流工
2008年10月　高橋和雄撮影

ら地元で自主的な取組みも始まっており、利活用につながることが期待されている。

(5) 住民への啓発活動

　砂防指定地利活用構想の検討開始時は、利活用検討委員会への関心が高く、委員会の検討内容はテレビ・ラジオ・新聞などで報道された。砂防指定地の利活用の検討には旧深江町立大野木場小学校の保存に当たっての利活用や維持管理のルール作りの側面もあるので報道関係者の関心が高かったためである。

　国土交通省雲仙復興事務所は利活用構想（案）がまとまると、雲仙復興事務所の広報紙「雲仙復興だより」（臨時号）「砂防指定地の利活用の策定と説明会・意見募集のおしらせ」を1996年10月に発行して全戸配布した。また、安中地区で利活用構想に関する意見募集と公聴会が開催された（1996年12月15日）。これらによって砂防指定地の利活用に関する住民のニーズが反映されるとともに、利活用の制約についても説明された。

　1997年度から砂防指定地整備の段階になると、整備検討委員会のメンバーに水無川下流域、同上流域および中尾川流域の地域代表が参加した。地域の代表が整備計画・整備の内容を委員会に説明し、委員会は砂防指定地利活用構想との整合性、維持管理体制、行政の協力を確認して整備計画に仕上げる役目を果した。具体的な整備計画の立上げは、町内会などの話合いに加えてワークショップや県外の事例の見学などによってなされた。水無川下流域のわれん川の整備については、1999年から2000年にかけて計5回のワークショップが開催された。中尾川流域の中・下流域の整備計画についても2002年にワークショップが開催されたが、1回の開催だけで具体化に向けての取組みには至っていない。以上のように、水無川流域と中尾川流域の住民に対しては利活用整備計画に住民が主体的に参加できるように情報提供がなされている。しかし、島原市全域、島原半島の住民あるいは観光客といった広い範囲を対象とした整備計画に対する意見の聴取、情報の提供までには至らなかった。日常的な維持管理が無理なことが制約となったことによると

推察される。

3 砂防指定地利活用の地域への周知状況

　雲仙における砂防指定地の管理者は砂防施設の工事中は工事主体である国土交通省雲仙復興事務所であるが、工事終了後には長崎県が引き継ぐことになっている。したがって、利活用は長崎県の砂防指定地の管理規則と整合性を取りながら、国土交通省と長崎県の連携のもとに進める必要があった。砂防指定地の目的である砂防設備の設置や土石流による氾濫を助長しない場所と時期において、利活用がなされることになる。

　砂防指定地は国有地であることから地元の自治体、町内会、自治会およびNPO（島原地域では水無川流域の島原普賢会のみ）などの非営利団体は利活用主体になれるが、生産によって個人に利益を生むような利活用は想定されていない。また、日常的な維持管理も利活用主体が行うことになる。国土交通省は、利活用のための土地の成形・植栽などの基盤の整地はすることができるが、それ以上の整備はできない。国土交通省は利活用主体の出現を待って、利活用を支援することになる。地元の自治体（島原市、深江町）は、利活用施設の整備や維持について、利活用主体を支援することが求められる。

　このような制約をもつ砂防指定地の利活用について、利活用の主体となれる島原市民や深江町民を対象として2001、2002年度に実施した復興・振興に関するアンケート調査結果の中の砂防指定地の利活用に関する地域住民の受取りを述べる[22),23)]。砂防指定地の利活用は、島原地域の復興（がまだす計画）の重点プロジェクト[24)]に挙げられていたため、利活用のあり方について地域住民の認識を知るために設問に入れていた。

　「現在の砂防指定地の管理者は、どこだと思うか」と聞いた結果を図5.4に示す。正解である「国土交通省（雲仙復興事務所）」とする回答が多い。また、「砂防指定地の利活用の主体はどこがなれると思うか」も図5.5に示すように、正解である「市町村」（81%）などの非営利機関が多く選ばれ、「一般企業」、「個人」および「制限はない」といった誤った回答は少ない。砂防

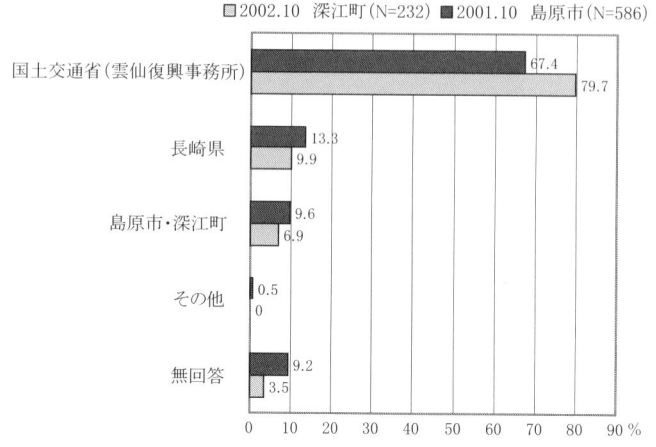

```
                    ■2002.10 深江町(N=232)  ■2001.10 島原市(N=586)
国土交通省(雲仙復興事務所)                              67.4
                                                      79.7
           長崎県    13.3
                   9.9
      島原市・深江町   9.6
                  6.9
          その他   0.5
                 0
          無回答    9.2
                 3.5
                0  10  20  30  40  50  60  70  80  90 %
```

図 5.4 現在の砂防指定地の管理者は [15]

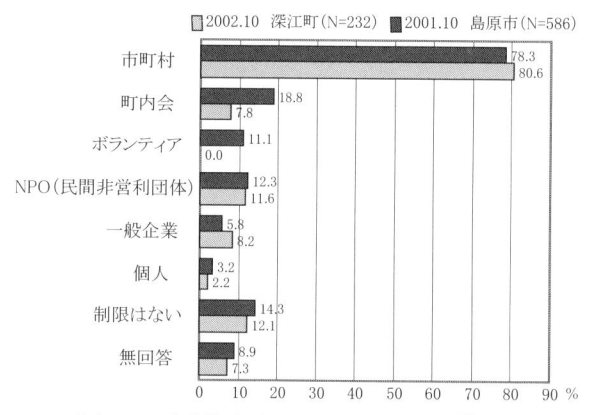

```
                    ■2002.10 深江町(N=232)  ■2001.10 島原市(N=586)
         市町村                                                78.3
                                                             80.6
         町内会    18.8
                7.8
       ボランティア   11.1
                0.0
   NPO(民間非営利団体)  12.3
                  11.6
         一般企業   5.8
                8.2
           個人   3.2
                2.2
        制限はない   14.3
                12.1
          無回答    8.9
                7.3
                0  10  20  30  40  50  60  70  80  90 %
```

図 5.5 砂防指定地の利活用の主体は [15]

指定地の管理者や利活用の主体については良く知られている。しかし、「砂防指定地の利活用にあたっての制限や条件を知っているか」について聞くと、図5.6のように「よく知らない」という回答が多い。

以上の調査結果より、砂防指定地の利活用については知られているが、利活用の制限や条件については情報が少ないようである。利活用の主体は地域住民であることを考慮すると、利活用可能な具体的なメニューや条件に加え

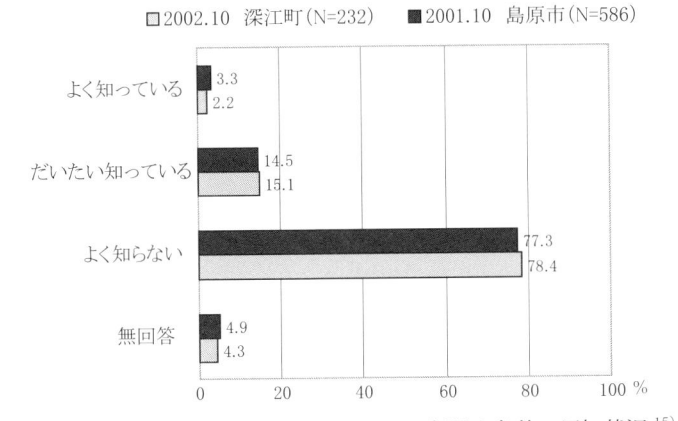

図 5.6 砂防指定地の利活用にあたっての制限や条件の周知状況[15]

て利活用を申請する場合の手続き方法、日常的な植樹やスポーツグラウンドなどの維持管理方法などを記述したマニュアルを作成し、町内会や自治会および住民への配布や説明会の開催が必要であったといえる。

4 砂防指定地利活用に関する観光客の反応

利活用の一環として保存された旧大野木場小学校被災校舎と砂防学習の拠点として設置された大野木場砂防みらい館は、火山や砂防学習体験施設の役割を持つとともに、平成新山フィールドミュージアム構想の中核施設として、火山観光にも寄与することが期待されている。施設を見学した観光客に感想や評価を聞いておくことは、今後の施設内の展示や周辺整備のあり方の参考になる。

2003 年 11 月 1、2 日の両日、大野木場砂防みらい館（図 5.3 参照）において、施設の見学を終えた観光客を対象に大野木場砂防みらい館に関して、見学の情報源、館内の印象、周辺整備のニーズおよび管理に関するアンケート調査を実施した。アンケート調査は面談方式で実施し、団体やグループの場合は代表者に回答を依頼した。回答者数は 53 人であった。

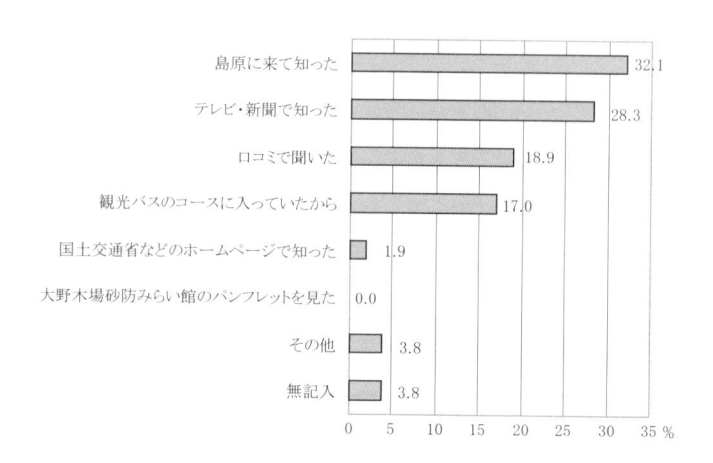

図 5.7　大野木場砂防みらい館を知った理由 [15)]
(N = 53、複数回答)

(1) 大野木場砂防みらい館を知った理由

　大野木場砂防みらい館は国道 251 号や国道 57 号から離れた水無川上流域に位置している（図 5.3 参照）。また、路線バスも運行していない。「大野木場砂防みらい館をどのようにして知ったか」と聞いたところ、図 5.7 の結果を得た。「島原に来て知った」が最も多く、「テレビ・新聞で知った」、「口コミで聞いた」と続く。「ホームページやパンフレットなどの情報発信メディアから知った」はきわめて少ない。火山災害が継続中には、雲仙の様子は報道関係者によって全国に発信されたが、現在はほとんど取り上げられていない。旧大野木場小学校被災校舎や大野木場砂防みらい館の情報を全国に発信することが必要になっている。

　一方で、「島原に来て知った」との回答が多いことから観光客が島原に到着してからの情報提供も必要である。一つの方策として、観光客が多い道の駅や雲仙岳災害記念館などに施設の情報板を設置することや施設の案内パンフレットにほかの施設の位置やアクセスを相互掲載するなどの組織的な対応が望まれる。大野木場砂防みらい館の駐車場では、旅館やホテルのマイクロバスが駐車している光景がよく見受けられた。フェリーの出発前に時間があるときや天気が悪く濃霧のため雲仙仁田峠に登れないときに旅館やホテルが

旧大野木場小学校被災校舎　88.7
大野木場砂防みらい館の中の展示物　28.3
無人化施工機械の展示・実演　18.9
雲仙普賢岳の眺望　5.7
砂防えん堤などの防災施設の眺望　0.0
無記入　1.9

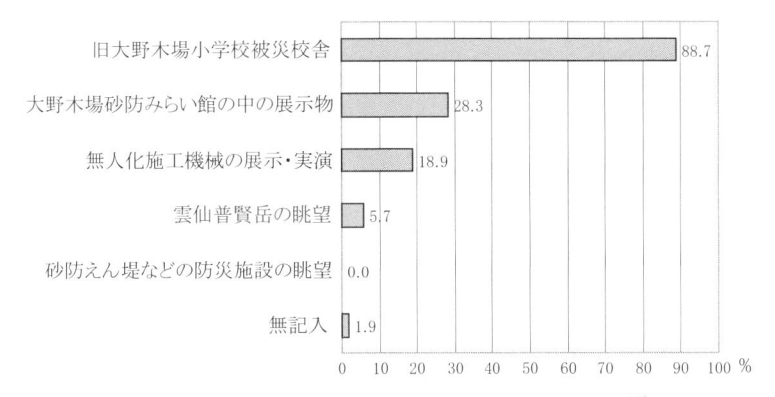

図 5.8　大野木場砂防みらい館で印象に残ったこと [15]
(N = 53、複数回答)

送迎バスなどで案内していることが推測できる。旅館・ホテルの関係者にこの施設の情報提供を積極的に行うことも一案である。

(2) 大野木場砂防みらい館の印象

　大野木場砂防みらい館は平成新山フィールドミュージアム構想に含まれている拠点施設のうち、雲仙岳災害記念館や道の駅みずなし本陣ふかえよりも後に整備された。火山防災や砂防学習体験施設であるため、本来は火砕流や土石流などの災害のメカニズムや災害のインパクトを展示できるはずであるが、これらはすでに開館している施設にあり、ほかの施設との二重投資を避けるためや独自の観点から展示内容に含まれていない。今後、火山や砂防学習体験に適した展示内容にしていく必要がある。

　「大野木場砂防みらい館で印象に残ったこと」を聞いたところ、図 5.8 の結果を得た。火砕流で焼失した「旧大野木場小学校被災校舎」が 89％ときわめて大きなインパクトを与えている。火山災害終息後約 12 年が経過して、被災地から災害の跡がなくなりつつあるため、災害遺構の現地保存の効果が現れていると評価できる。「大野木場砂防みらい館の中の展示物」28％や「無人化施工機械の展示・実演」19％の結果から明らかなように、アピール力に欠けるようである。周辺の「雲仙普賢岳の眺望」や「防災施設の眺望」は

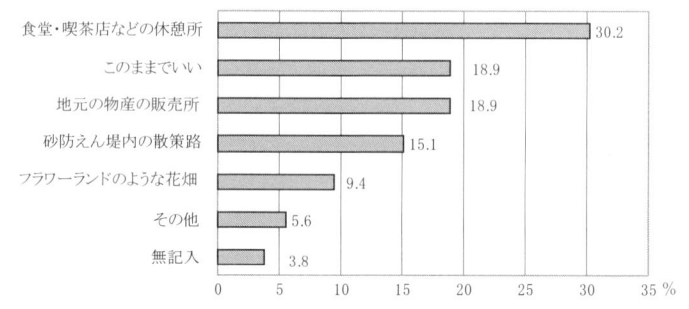

```
食堂・喫茶店などの休憩所    30.2
このままでいい          18.9
地元の物産の販売所        18.9
砂防えん堤内の散策路       15.1
フラワーランドのような花畑    9.4
その他              5.6
無記入              3.8
```

図 5.9　大野木場砂防みらい館の周辺にあるといい施設 [15)]
(N = 53、複数回答)

ほとんど印象に残らないと回答している。大野木場砂防みらい館は火山や砂防学習体験の場であることから、無人化施工機械の展示や説明は必要である。アンケートの回答のように被災校舎のインパクトが強いことを考慮すると、大野木場砂防みらい館内に火砕流で被災した旧大野木場小学校校舎の被災時の状況、保存のために調査した資料（火砕流による熱の推定、コンクリートへの熱影響、被災校舎の耐久性など）を説明するコーナーを設けて、火砕流の実態を伝える企画が提案できる。

(3) 周辺整備のニーズ

　大野木場砂防みらい館の周辺には、地元の農産物の露地販売所がある程度で休憩所、食堂などの施設、店舗はない。また、2号砂防えん堤の袖部やえん堤内に立ち入ることはできない。観光客に「大野木場砂防みらい館の周辺にはどのような施設があればいいと思いますか」と聞いたところ、図 5.9 の結果を得た。「食堂・喫茶店などの休憩所」が最も多く、次いで「このままでよい」、「地元の物産の販売所」と続いている。

(4) 施設の維持管理費の負担について

　島原市と深江町における火山・砂防学習体験施設のうち、有料施設は雲仙岳災害記念館のみである。旧大野木場小学校被災校舎などの災害遺構については保存された後の維持管理費（定期的な耐久性確保のための診断・工事費）

は一部を除いて確保されていない。被災校舎は砂防指定地という公有地内にあるので施設内で営利活動ができない。このため、見学料などの名目での利用代金を徴収できない。被災校舎内に人の立入りを認めていないので、強度の確保は必要ではないが、天井の落下や景観の保持といった耐久性を確保する必要がある。したがって、定期点検や補修工事が想定されている。島原地域では、火山・砂防学習体験施設を火山観光に活用していく以外に当面の有効な活性化策はない。地域の活性化という役割が残っているため、施設を維持していく必要がある。

そこで、維持管理のための経費確保の一助として施設内の駐車場管理などの目的で寄付を観光客にお願いすることの賛否を聞いたところ、「賛成」73%、「反対だが止むを得ない」19%、「反対」6%および「無記入」2%となっている（回答者53人）。大方から賛同を得ていることを考慮すると、今後に検討されることが予想される。維持管理方針を詰める時期が来たときに参考にすべきデータといえる。

5 植栽活動の支援に関する観光客の反応

雲仙普賢岳の火山災害で全体で1,600haの森林が失われ、みどりの回復のため、行政機関の支援を得て住民やボランティアによる植栽活動が行われている。ボランティアなどが育てた幼木をイベントなどで植えているが、除草をしないと雑草に埋もれ、幼木の育成が悪くなる。また、草刈りで機械を使うと幼木まで切ってしまうことになる。当然、施肥も必要である。植樹した幼木がある程度育つ5－10年間は手入れが必要である。地元の各種団体、町内会および学校などで植樹を行っており、これについては植樹後の管理もなされている。

火山災害で失ったみどりの回復のための植樹活動に観光客にも参加してもらうことは、観光誘致活動の一つのセールスポイントになりうるが、短期的なイベントと同じ考えでは不十分で、植樹後の管理をはっきりしておく必要がある。地元の住民団体などに管理をお願いするにしても、継続的に行うに

は草刈りに伴う資機材、肥料、弁当代などの手当が必要である。そこで、地元の人がこのような手当を行うのを支援するために「あなたは木の苗1本をいくらで買いますか」と質問したところ、図5.10の結果を得た。この調査結果は、2003年11月1、2日に4箇所の平成新山フィールドミュージアムの拠点施設と島原城で行った観光客の動態調査アンケートによるものである。「500円」46％、「1,000円」38％が大部分を占めた。500円程度であれば確実に協力が得られることが期待される。

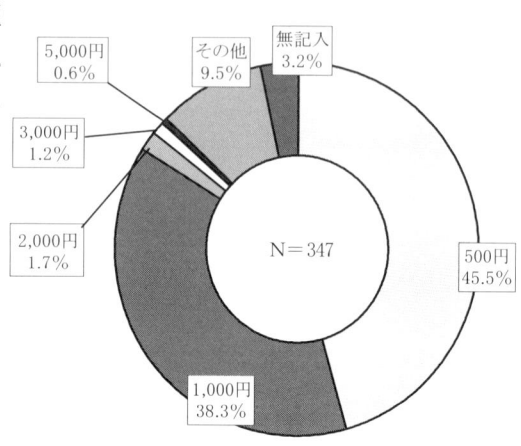

図5.10 植栽の管理を地元の人にお願いするとした場合の苗1本の値段[15]

6 まとめ

　本章の内容を10年間の砂防指定地の利活用の取組みの実績を踏まえてまとめると次のようになる。
・防災施設が設置される以前から検討された雲仙における砂防指定地利活用構想によって、防災施設の設置や安全の確保状況、維持管理、支援体制などが確認されながら、ふるさとの森、われん川の整備、旧大野木場小学校被災校舎の現地保存および農業研修所跡地の保存などが実現した。土石流・火砕流ですべてが失われた地域に、災害以前の生活の拠点やふるさとの思い出が保存されることによって、被災住民がふるさとで自宅を再建することや、コミュニティを回復させることに役立った。
・砂防指定地利活用構想の策定に当たっては、自然環境との調和が十分検討されるとともに、砂防指定地の利活用に関する住民対象の公聴会が実施され

た。したがって、利活用の内容・役割を示したゾーニングは地域住民に受け入れられた。しかし、具体的な利活用の仕組みについては、利活用の主体である地域住民に浸透しているとは言いがたいことがアンケート調査から判明した。砂防指定地の利活用の仕組み、維持管理などを説明したパンフレットの作成や町内会などを対象とした説明会の開催などの情報提供を早い段階に行う必要性を示している。地域住民が主体となる砂防指定地の利活用では、情報提供システムが大きな柱となることを考えた計画作りが望まれる。

・砂防指定地の管理は、砂防設備の工事中は国土交通省で、工事終了後は長崎県に移管される。地方自治体の厳しい財政難の折、砂防設備に加えてこれまでの利活用施設の維持管理や、植栽の管理などが今後課題となってくる。旧大野木場小学校被災校舎の耐久性確保のための補修費の一部に観光客から寄付を得ることや観光客が植えた樹木の管理などを行うために、観光客に樹木の苗代として協力を得ることをアンケートで聞いたところ、大方の賛同を得た。また、土砂の移動抑止に効果がある植栽については、砂防林として、砂防指定地管理者が直接管理することも考えられる。これらは今後のスムーズな利活用のために検討すべき課題といえる。

・砂防指定地の利活用はその性質上、住民参加が前提となる。この 10 年間の取組みを振り返ると安中地区では安中地区まちづくり推進協議会、NPO法人「島原普賢会」などを中心とする地域住民の積極的な活動が利活用ニーズを生み、関係機関の協力で利活用が実現している。また、今後も地域の関与が期待できるため、利活用で実現したわれん川や農業研修所跡地などの維持管理の目途が付いている。地域の復興やその後のまちづくりを支えたリーダーの存在によるところが大きい。説明会やワークショップなどの開催に加えて、リーダーの発掘や育成が必要であることを示している。安中地区の取組みは良い見本になることが期待できるので、文献（11）を参照して欲しい。

第6章 火山災害学習体験施設の整備とフィールドミュージアム化

1 まえがき

　雲仙普賢岳の長期火山災害のため、直接的被害が少ない商工業も大きな影響を受けた。島原市は、雲仙普賢岳の恵みを多く受けた島原半島の観光地の一つで、雲仙、小浜と同じ温泉地でもあり、島原城、武家屋敷跡などの観光資源にも恵まれている（写真 6.1、6.2）。このため、噴火継続中の 1993 年に策定された島原市と深江町の復興計画とこれを島原半島全体に広げた長崎県の復興振興計画では、地域の活性化として火山災害遺構などを活用した観光振興策が計画され、すでに実現している[13) 25)]。

　2003 年に計画した火山災害学習体験施設がすべて整備されたことを受けて、本章は火山災害学習体験施設の内容を概説するとともに、島原市の観光客数、宿泊客数、島原城入場者数、フェリー・高速船の乗降客数および火山災害学習体験施設入場者数の推移を分析し、火山災害学習体験施設を利用した観光客の動態調査をした[26)]。火山災害学習体験施設が観光客にどのように受け取られているかを知るために、火山災害学習体験施設と島原城とで観光客を対象にアンケート調査を行った。その結果を観光ルート、交通手段などの動態について 2000 年の調査結果と比較して、施設相互のネットワーク化の必要性や課題などを明らかにする。

　また、島原市の観光消費額、行政の観光支援策などのデータを示すとともに、火山観光化に対する地元の評価を明らかにするために、観光客を受け入れる側の商工観光業者を対象とした火山観光化に対するアンケート調査を実施した。観光状況の変化、火山観光化の効果、構想の周知状況、観光客に対する情報提供・サービス、火山観光化に関する行政・施設に対する要望など得られた結果から、商工観光業者の火山観光化に対する反応・評価を明らか

写真 6.1　島原のシンボル島原城
2008 年 10 月　高橋和雄撮影

写真 6.2　湧水が流れる武家屋敷跡
2008 年 9 月　杉本伸一撮影

にする。地域の一体的復興を補完する取組みとして、火山観光ネットワーク化の有効性を考える。

2　活火山地域の地域振興

　活火山は、噴火時には周辺に火砕流、溶岩流、火山灰、土石流などによる火山災害を及ぼすが、平穏時には温泉、地熱、豊かな農業地帯、火山景観、信仰など地域に恵みをもたらす[27]。このため、活火山の周辺は観光地や保養地として土地利用がなされているところが多い（例：有珠山、浅間山など）。したがって、火山の噴火終息後に火山災害の遺構や防災施設を火山災害学習体験の場として整備すれば新たな観光資源が地域にもたらされるので、復興や地域の活性化の有力な柱となり得る。地震、風水害などのほかの災害でも災害学習や災害伝承を目的とした災害遺構の保存や施設の整備がなされている（例：野島断層保存館、人と防災未来センターなど）。観光都市神戸においても、市内に整備された人と防災未来センターが集客施設としての機能を

果たし、地域の活性化に寄与している。火山災害は災害を逆手に取った対応が行いやすく、また、必然性がある。つまり、「火山とつきあう」や「火山との共生」などのキーワードが火山の場合には重要である。火山災害の映像などが全国的なニュースとなった知名度を背景に、火山噴出物、災害遺構、防災施設などを観光資源にして火山とのつきあいがなされている。

火山災害遺構の保存や火山災害学習体験施設は、防災活動、防災教育および災害の伝承などの本来の役目を持つことから、島原でも様々な活動がなされている。

3 火山災害の学習体験施設の整備

(1) 火山災害の学習体験施設の概要

雲仙普賢岳の噴火終息後に整備された火山災害学習体験施設のネットワークを図るために平成新山フィールドミュージアム構想が策定された[25]。島原地域の四つの火山災害学習体験施設の位置を口絵3に示す。表6.1に、平成新山フィールドミュージアム構想に関連する火山災害学習体験施設の概要を示す。

雲仙岳災害記念館は、火山噴出物を埋め立てた水無川河口部に位置し、火山災害の脅威と災害の姿を伝える施設である(写真6.3)。この施設の特徴は、八つの展示ゾーンに分かれており、映像と連動して床が動き、噴出する熱風とともに災害を疑似体験できる平成大噴火シアターなど、火山を見る・遊ぶ・学ぶ・憩うなどをコンセプトにした全国初の火山災害学習体験施設である。ほかの火山に設置された火山科学博物館やビジターセンターと異なって、火山体験学習施設を集客施設として位置付けて整備した点に特徴がある。火山

表6.1 火山災害学習体験施設の概要[26]

名　　称	場　　所	開館年月	管理団体
雲仙岳災害記念館	島原市	2002年7月	(財) 雲仙岳災害記念財団
道の駅みずなし本陣ふかえ	深江町	1999年4月	(株) みずなし本陣
大野木場砂防みらい館	深江町	2002年9月	国土交通省雲仙復興事務所
平成新山ネイチャーセンター	島原市	2003年2月	(財) 自然公園財団

第6章 火山災害学習体験施設の整備とフィールドミュージアム化   105

写真 6.3　雲仙岳災害記念館
2002 年 6 月　雲仙岳災害記念館提供

　災害で疲弊した商工業の復興の目的のため、アピール力、インパクトのある火山噴火や火山災害を伝える展示内容となっている。館長も地元の商工関係者が務め（2006 年 9 月から公募により館長選出）、民間の発想を取り入れた集客活動を行っている[28]。

　有料ゾーンでは、館内に案内者が常駐しており、火山災害学習や観光の中核施設として観光客の集客に寄与している。館内の展示物の更新や学習体験に活用するために学芸員の配置によって、火山学習の拠点としての機能を果たし、ほかの施設との連携を図るコアミュージアムとして機能する必要がある。

　道の駅みずなし本陣ふかえは、深江町の国道 251 号の水無川沿いに位置し、地元の土産品や農産物などを販売する施設である。島原地域の活性化を目的に長崎県により整備され、集客力がある施設である（写真 6.4）。また、土石流で被災した家屋の一部を保存した土石流被災家屋保存公園が併設さ

写真 6.4　道の駅みずなし本陣ふかえ
2006 年 1 月　高橋和雄撮影

写真 6.5　土石流被災家屋保存公園
2008 年 6 月　高橋和雄撮影

れ、火山災害学習体験施設としての機能も持つ[29]（写真 6.5）。九州内の道の駅でも集客力がある施設である。道の駅の建設地は土石流で埋没した被災地を買い上げたもので、土地の買上げ費によって住民はほかの土地に自宅を確保し、生活再建をした。

　大野木場砂防みらい館は前章で述べたように、火砕流や土石流の被災地である水無川上流部に位置しており、平成新山の溶岩ドームの監視、工事従事者などの避難場所の確保、緊急時の無人化施工操作室の確保および火山砂防学習機能を持った施設である[30]（写真 5.8 参照）。

　平成新山ネイチャーセンターは、一般県道千本木島原港線（島原まゆやまロード）沿いの垂木台地に位置する。溶岩ドームや火砕流の跡地の景観を見ることができ、自然が回復していく様子を間近に観察できる自然共生型学習施設である[31]。自然保護関係の専門家が常駐しており、自然観察会などが随時実施

写真 6.6　平成新山ネイチャーセンター
2006 年 1 月　高橋和雄撮影

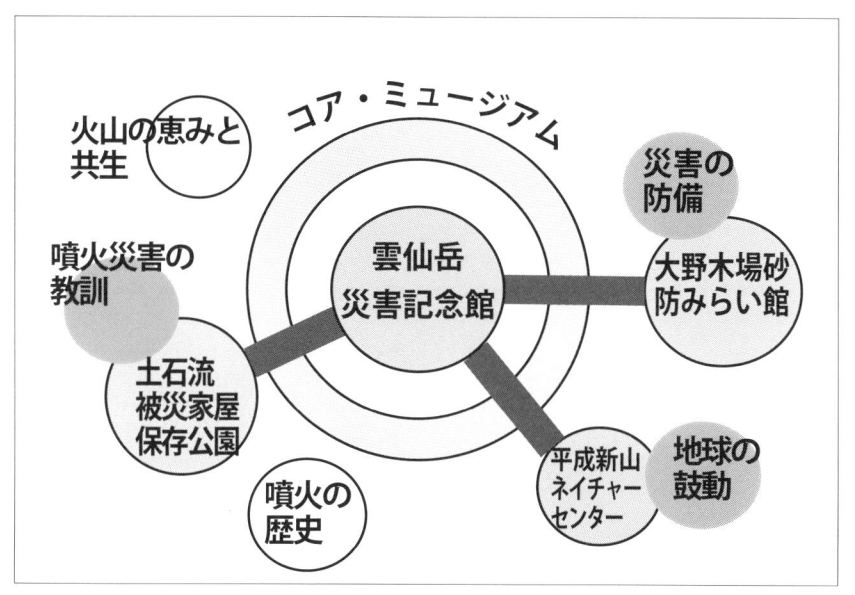

図 6.1 平成新山フィールドミュージアム構想の概念図

されている（写真 6.6）。

(2) 平成新山フィールドミュージアム構想の概要

　長崎県は 2002 − 2004 年度の 3 年間にわたって、火山・防災学習体験施設の関係者および関係機関よりなる平成新山フィールドミュージアム推進会議（議長　高橋和雄）を設けて、拠点施設のネットワーク化と役割分担を図った。平成新山フィールドミュージアム構想では、「噴火災害の教訓」、「噴火の歴史」、「災害の防備」、「地球の鼓動」および「火山の恵みと共生」の五つのフィールドに分けてネットワークを図っている（図 6.1）。学習・体験しながら、火山とかかわりあうことのできる空間を提供するために、前述した四つの火山災害学習体験施設を拠点施設とした[26]。表 6.2 は、五つのフィールドと火山災害学習体験施設の役割分担を示す。前述のように雲仙岳災害記念館だけでは、火山噴火の仕組み、自然環境の回復、火山防災などについては詳しく学ぶことができない。雲仙岳災害記念館をアピール力がある集客施

表 6.2　五つのフィールドと火山災害学習体験施設の役割分担[26]

フィールド	役　　割	火山災害学習体験施設名
噴火災害の教訓	火砕流・土石流の凄まじさや恐ろしさ	旧大野木場小学校被災校舎 土石流被災家屋保存公園
噴火の歴史	火山性地層、島原大変	雲仙岳災害記念館
災害の防備	砂防施設群	大野木場砂防みらい館
地球の鼓動	噴火のメカニズム、火山の成立ち	平成新山ネイチャーセンター
火山の恵みと共生	景観や湧水、温泉の仕組みと利用	雲仙岳災害記念館

設とし、学習体験はほかの施設を活用する役割分担をしているともいえる。

　平成新山フィールドミュージアム構想の実現には、火山災害学習体験施設のネットワーク化が必要である。平成新山フィールドミュージアム構想推進会議は、この構想を計画的かつ効果的に推進するため、平成新山フィールドミュージアム構想実施計画を 2003 年 3 月に策定した。この計画は 2002 年度（注：この場合の年度は 6 月 1 日－翌年 5 月 31 日）から 2004 年度までを計画期間とし、実施施策として「火山学習資源の保全・掘起こし」、「火山学習資源の活用」および「フィールド内のネットワーク整備」の三つの事業が実施された。

　「火山学習資源の保全・掘起こし」では、火山学習資源調査研究事業、学習クラブ・統一案内板など整備事業が行われた。案内板整備については、2002 年度に統一デザインの作成、2003 年度に設置場所の決定、2004 年度に大型案内板 6 箇所、誘導板 2 箇所、道路標識 4 箇所を設置した（写真 6.7）。

　「火山学習資源の活用」では、火山学習資源周知事業、集客対策事業および植樹体験事業が行われた。平成新山フィールドミュージアムマップ「雲仙火山地球探検」（折り

写真 6.7　平成新山フィールドミュージアム統一案内板
2006 年 1 月　高橋和雄撮影

たたみ式携帯用：幅 9 cm×高さ 26cm）は、表面に火山学習・観光施設の位置、裏面には各種の施設の内容を写真を添えて説明してあり、モデルコースの紹介、交通アクセス方法も掲載された。携帯用マップのほかに島原大変版リーフレットおよび住民周知用パンフレットを作成して構想の周知と情報を提供した。さらに、ガイドブック[32]を作成して地元ホテル・旅館、交通機関などに観光客の案内用として配布した（写真 6.8）。また、雲仙普賢岳の火山災害によって、約 1,600ha もの広大な森林が流焼失した。森林を回復するため観光客を対象にした植樹体験が行われた。

写真 6.8 平成新山フィールドミュージアムガイドブック

「フィールド内のネットワーク整備」では、ネットワーク化検討事業、散策路整備検討事業およびボランティアガイド養成事業が行われた。2004 年に 4 月から 5 月の土、日、祝日、GW 期間の 20 日間に火山災害学習体験施設を結ぶ無料周遊バス運行が試行されたが、PR 不足で利用者が少なかったことや地元のタクシーとの競合から定着には至らなかった。

4　火山災害の学習体験施設を巡る観光客の動態・意識調査

(1) 島原市を訪れる観光客の現状と分析

観光地である島原市は、雲仙天草国立公園周遊ルート上に位置し、中九州観光と西九州観光の連結都市である（口絵 1 参照）。島原の乱などの歴史に彩られ、また、市内各地にある湧水や温泉および雲仙普賢岳の景観により水と緑の観光保養都市として発展してきた。島原市へのアクセスはフェリー交通が充実しているものの、長崎空港や長崎自動車道諫早インターチェンジから 1 時間以上を要するなど陸路の整備が遅れている。アクセス改善や避難道路整備の観点から、地域高規格道路島原道路の早期整備が地元から強く望ま

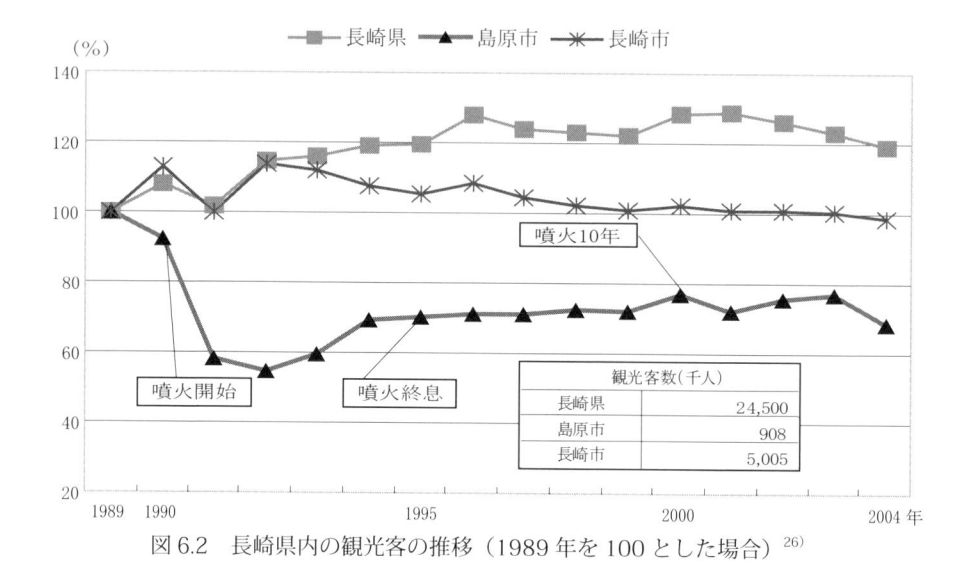

図 6.2　長崎県内の観光客の推移（1989 年を 100 とした場合）[26]

観光客数(千人)	
長崎県	24,500
島原市	908
長崎市	5,005

れているが、具体的なスケジュールの策定には至っていない。図 6.2 に、長崎県、長崎市および島原市を訪れる観光客の推移を示した。島原観光は、雲仙−島原−熊本の観光コースのほかに温泉と観光都市である島原−雲仙−長崎の観光ルートが形成されていることから、長崎市の観光客推移との比較を行った。長崎県を訪れる観光客は長崎自動車道の開通（1990 年）、長崎旅博覧会開催（1990 年）により順調に伸びたが、1991 年 6 月 3 日の雲仙普賢岳の火砕流による人的被害や家屋の焼失被害後は、島原市を訪れる観光客が激減した。長崎県全体の観光客は、火山災害の影響を受け一時的に減少したが、1992 年以降増加し 1990 年と比較すると 120％水準を保っている。島原地域では、行政や観光業者が観光客の誘致事業やイベントを継続的に実施した結果、観光客は火山災害以前の 80％まで回復し、その水準を維持している状況である。県内最大の観光地である長崎市を訪れる観光客は、1991 年に減少したが 1992 年に回復し、1990 年の火山災害以前と同じ水準である。

　図 6.3 は、島原市の代表的な観光施設である島原城の年次別入場者数を示

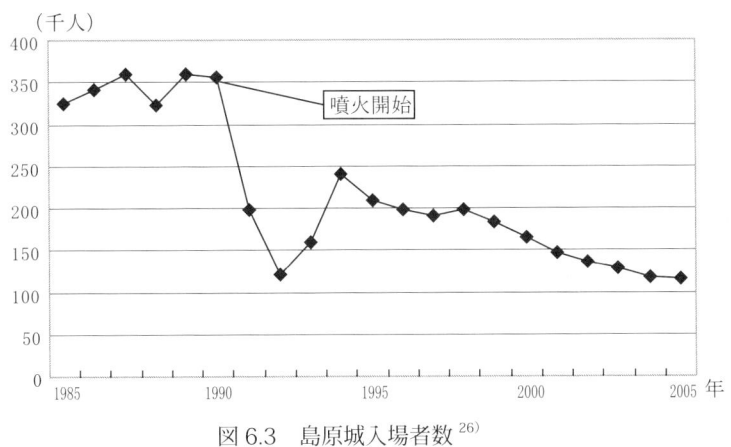

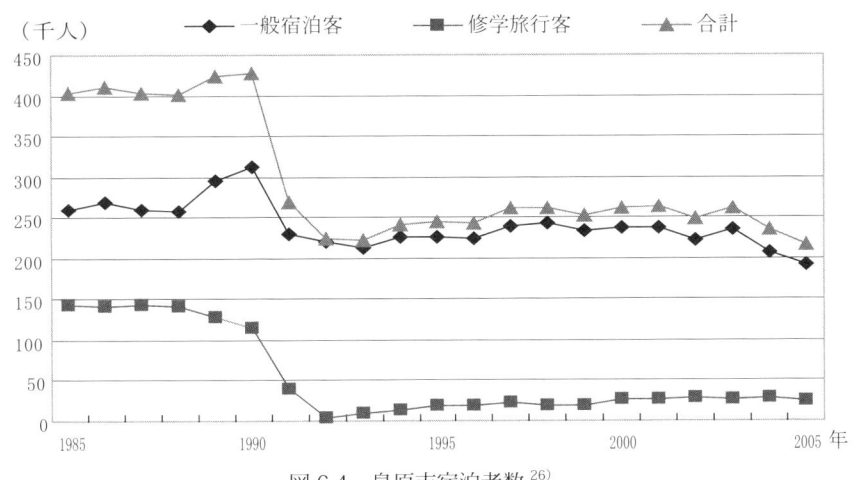

第6章　火山災害学習体験施設の整備とフィールドミュージアム化　　111

図6.3　島原城入場者数[26)]

図6.4　島原市宿泊者数[26)]

したものである。島原城は、火山災害の被害を直接受けていない中心市街地にある。2005年の島原城の入場者数は、雲仙普賢岳の火山災害以前（1990年）の32％程度まで落ち込んでおり、過去最低を記録した。島原市を訪れる観光客は激減していないことから、新たな観光資源である火山を目的に訪れている観光客が増え、観光客減を食い止めているといえる。

図6.4は、島原市の宿泊者数を示したものである。一般客は雲仙普賢岳の

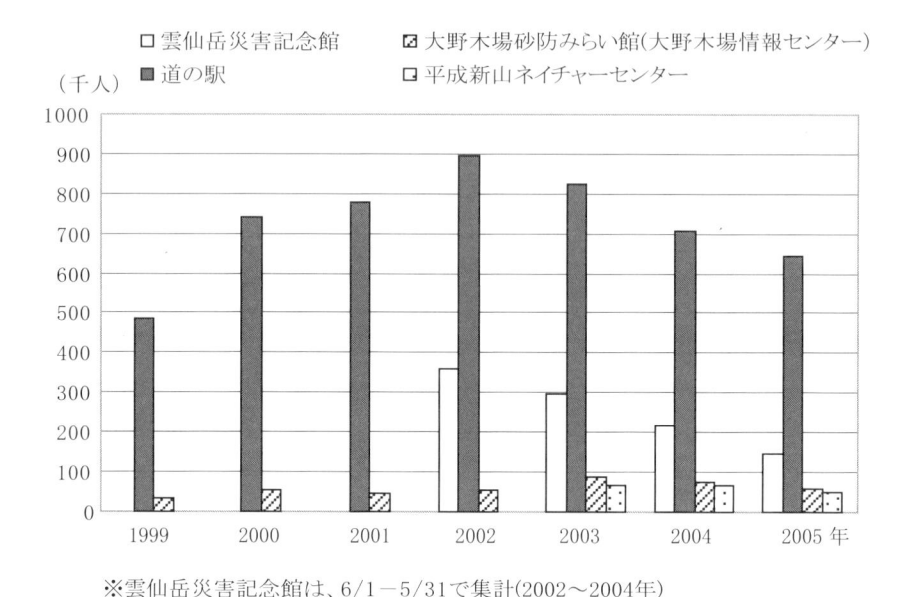

凡例: □ 雲仙岳災害記念館　■ 大野木場砂防みらい館(大野木場情報センター)
（千人）■ 道の駅　□ 平成新山ネイチャーセンター

※雲仙岳災害記念館は、6/1−5/31で集計(2002〜2004年)
　2005年は、6/1−3/31
※大野木場情報センターは、1999−2002.9　大野木場砂防みらい館は、2002.9−

図6.5　主要施設の入場者数[26]

火山災害以前（1990年）と比べて約80％まで回復しているが、観光客全体の約35％を占めていた修学旅行客（学生）は回復していない。

(2) 火山災害の学習体験施設の入場者数

　図6.5は、火山災害学習体験施設の入場者数を示したものである。全国の道の駅でも有数の集客力がある、道の駅みずなし本陣ふかえの入場者数は、2002年まで増加していたが、2003年以降は減少している。開館当初22万人を想定していた雲仙岳災害記念館の有料施設利用の2002年度（2002年6月1日−2003年5月31日）の入場者数は、想定を上回る35万人余りであった。しかし、2003年度以降は30万人を下回っており、集客の方策として団体客への開館前入場サービス、メンバーズカードの発行、企画展の開催などを実施している。有料施設の展示内容の大幅な更新は無理なので

リピーターの来訪はあまり期待できない。大野木場砂防みらい館の入場者数は、1999年に設置された大野木場情報センターの入場者数と比較すると増加傾向にあるが、2004年以降減少している。また、平成新山ネイチャーセンターは、国道57号から離れている施設であることと開館して間もないため、ほかの施設に比べて入場者は少ない。大野木場砂防みらい館と平成新山ネイチャーセンターは火山砂防や自然回復の学習体験施設で集客を目的としていないため、入場者数がほかの2施設と比べると少ないのは止むを得ない。しかし、館内の展示物に精通した人材が地域で管理運営しているために、防災や自然回復についての学習体験のための活用が可能である。学習観光客以外に小中学生の教材や国際協力機構（JICA）などの火山砂防に関するトレーニングセンターとしての活用などのように、より有効活用するための方策が期待される。

(3) 観光客の評価
①アンケート調査の概要

　平成新山フィールドミュージアム構想に関連する火山災害学習体験施設の運用と火山観光による地域の活性化の方策を検討するために、アンケート調査を2004年11月6、7日の両日に雲仙岳災害記念館、道の駅みずなし本陣ふかえ、大野木場砂防みらい館、平成新山ネイチャーセンターおよび島原城の5施設で実施した。火山災害学習体験に関連が少ない島原城をアンケート対象箇所に加えた理由は、島原城を訪れる観光客は従来の水の豊かな保養都市、歴史文化都市のイメージを持っている可能性が高いことと、島原城の入場者数の統計があるためである。島原城と火山災害学習体験施設との入場者数の関係がわかれば、施設相互のネットワーク化のための方策を検討することも可能である。

　施設ごとに見学を終えた観光客を対象に、面談方式によってアンケートの回答を得た。質問項目は、観光客の動態、施設の満足度、観光情報の入手方法、交通アクセスなどを選択肢で問うものであった。回答者数は、雲仙岳災害記念館91人、道の駅みずなし本陣ふかえ112人、大野木場砂防みらい館50人、

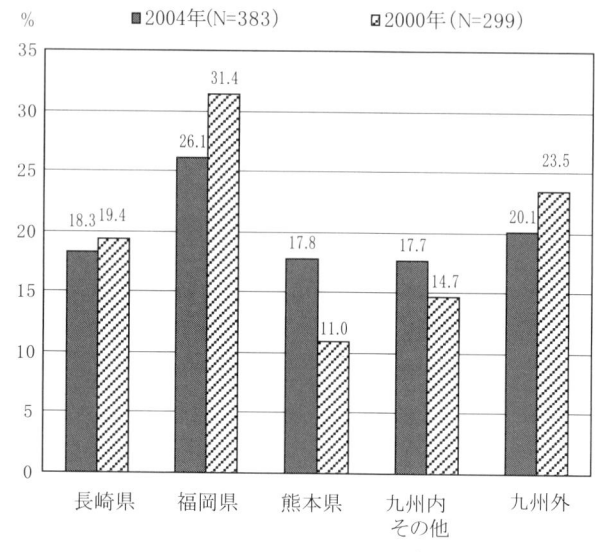

図 6.6 観光客の居住地 [26]

平成新山ネイチャーセンター 52 人および島原城 78 人の計 383 人であった。

回答者の年齢構成は 50 歳代が 31％で最も多く、次いで、40 歳代 19％、30 歳代 17％、60 歳代 15％、20 歳代 14％と幅広い年齢層から回答を得た。

グループ属性については、いずれの場所でも個人（1 人、家族）とグループ（友達）が多く、団体（ツアー、修学旅行）が少ない。回答者の性別は男性 65％、女性 35％である。

② 観光行動について

観光客の居住地を見ると、「福岡県」（26％）が高く、九州内の合計は 80％である（図 6.6）。前回の 2000 年に実施したアンケート調査と比較すると今回の調査では、観光客の居住地に大きな変化はない。

観光客の宿泊日数は、前回の調査と比較すると、「1 泊」が増加し、「2 泊」以上の連泊が減少した（図 6.7）。また、「宿泊する」と回答した観光客に「島原市内に宿泊するか」と聞いたところ、「島原市内には宿泊しない」（59％）が多い。

島原市での滞在時間は、「半日程度」（45％）、「2 時間程度」（21％）で半

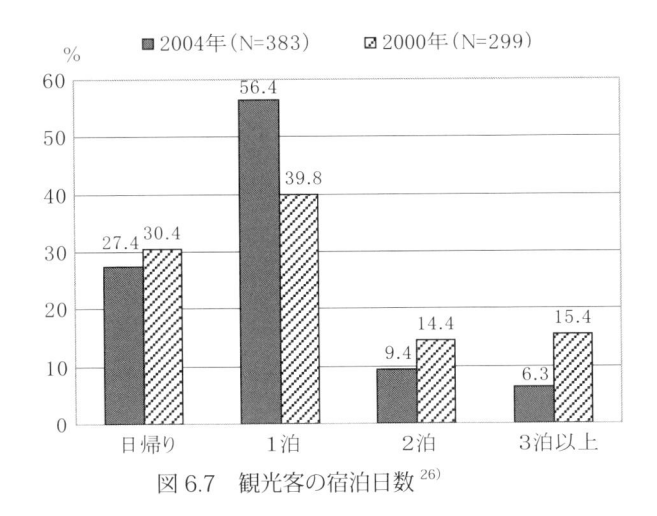

第6章　火山災害学習体験施設の整備とフィールドミュージアム化　　115

```
%                ■ 2004年(N=383)    ▨ 2000年(N=299)
60
          56.4
50
                 39.8
40
      30.4
30 27.4
20
                         14.4       15.4
10              9.4             6.3
 0
     日帰り     1泊      2泊      3泊以上
```

図6.7　観光客の宿泊日数[26]

日以内が66％を占めることから、通過型の観光客が多く、宿泊につながる滞在型の観光客は少ない（図6.8）。

島原観光の履歴は「火山災害前と火山災害後どちらも来たことがある」（36％）が最も多い。また、「火山災害後に来たことがある」（26％）、「火山災害前に来たことがある」（12％）、「以前来たことがある」とする回答者が全体の74％であり、リピーターが多い。また、「再来訪の意向」では、「また来たい」とする回答者が90％以上もあった。

島原の持つ観光イメージは表6.3のように、「水の豊かな保養都市」が最も多い。島原市の観光イメージは、従来のイメージと新しく生まれた火山に関するイメージの二つがある。前回の調査と比較すると、今回の調査では、「火山防災モデル都市」は増加したが、「火山観光を中心とした交流都市」は減少した。島原城を訪れた観光客は、「歴史文化都市」と回答した割合がほかの施設より高い。また、長崎県内の観光客は、「水の豊かな保養都市」が多く、火山災害前のイメージを強く持ち、県外の観光客は、火山関係のイメージを強く持つ。

今回の旅行で島原を選んだ理由を見ると、図6.9のように「火山災害から復興した様子を見たかったから」が24％であり、「温泉浴」、「災害の体験

学習施設を見学するため」が続いており、理由は多様である。施設別では、雲仙岳災害記念館、道の駅みずなし本陣ふかえおよび大野木場砂防みらい館では、「災害の体験学習施設を見学するため」と「火山災害から復興した様子を見たかったから」とする火山の学習体験や復興を理由に挙げた。平成新山ネイチャーセンターでは、「火山災害から復興した様子を見たかったから」のほかに「自然風景を見る」

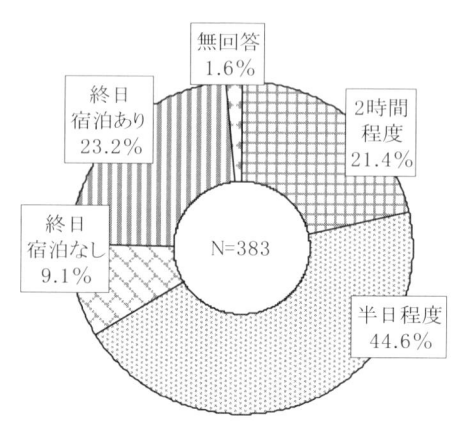

図6.8 観光客の島原滞在時間 [26]

表6.3 島原の持つ観光イメージ（調査地点別、複数回答）[26]

項　目	雲仙岳災害記念館 (N=91) %	道の駅 (N=112) %	大野木場砂防みらい館 (N=50) %	平成新山ネイチャーセンター (N=52) %	島原城 (N=78) %	全体 2004 (N=383) %	全体 2000 (N=299) %
水の豊かな保養都市	29.7	29.5	32.0	42.3	41.0	33.9	41.8
歴史文化都市	24.2	25.0	22.0	28.8	48.7	29.8	27.1
火山防災モデル都市	35.2	29.5	26.0	28.8	23.1	29.0	16.4
自然および火山がちりばめられた博物館のような都市	22.0	25.0	32.0	13.5	24.4	23.5	22.7
火山観光を中心とした交流都市	26.4	25.0	12.0	30.8	23.1	24.0	41.8
そのほか	7.7	2.7	8.0	0	3.8	4.4	5.7

が多い。島原城では、「歴史の跡をめぐるため」と回答した割合が高い。

　観光客の居住地別では、「長崎県」からの観光客は、旅行に島原を選んだ理由としては、「ドライブ」が多い。「福岡県」、「熊本県」などの近県の観光客は、「温泉浴」が多いことから、雲仙温泉街に宿泊したついでに島原に立ち寄ったと推定される。

　年齢別では、「20歳代」と「30歳代」は、「ドライブ」や「温泉浴」が目

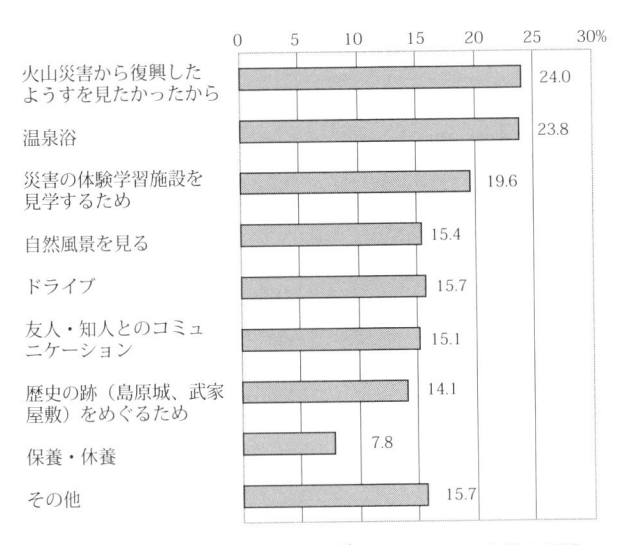

図6.9 旅行に島原を選んだ理由[26]（N = 383、複数回答）

理由	%
火山災害から復興したようすを見たかったから	24.0
温泉浴	23.8
災害の体験学習施設を見学するため	19.6
自然風景を見る	15.4
ドライブ	15.7
友人・知人とのコミュニケーション	15.1
歴史の跡（島原城、武家屋敷）をめぐるため	14.1
保養・休養	7.8
その他	15.7

的で火山や歴史には関心があまりないようである。「40歳代」では、「火山災害から復興した様子を見たかったから」の割合が高く、年齢が高くなるほど、「火山災害から復興した様子を見たかったから」や「災害の学習体験施設を見学するため」の割合が高い。

今回の旅行の情報源は図6.10のように、「友人・知人に勧められて」とする口コミ情報が28％と高く、次に「雑誌・旅行ガイドブック」、「観光パンフレット」になっている。これらの情報の満足度については、十分満足が得られたとの回答が多い。

今回の島原での観光の目的を聞いたところ、道の駅みずなし本陣ふかえ以外を訪れた観光客は、「島原の観光が主目的」という回答が多いが、道の駅みずなし本陣ふかえを訪れた観光客は、「いくつか回る観光地の一つ」と回答する割合が目立つ。前回の調査では、島原観光の目的が「いくつか回る観光地の一つ」という回答が多いのに対し、今回の調査では「島原の観光が主目的」とする回答が多い。これは、連泊の減少により日帰り観光の割合が高くなり、いくつも観光地を訪れる時間がないためと考えられる。

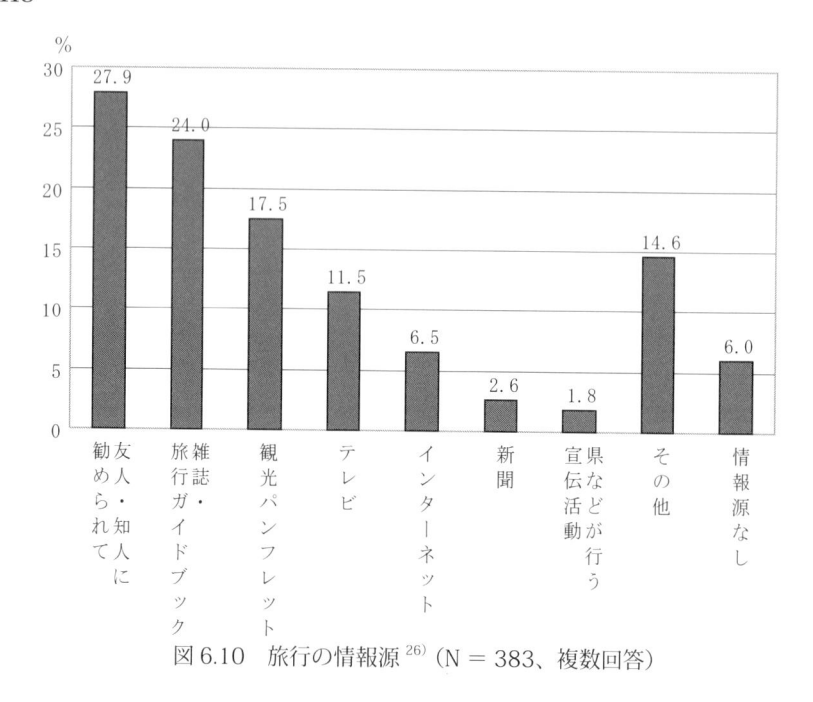

図 6.10　旅行の情報源[26]（N = 383、複数回答）

情報源	%
友人・知人に勧められて	27.9
旅行ガイドブック・雑誌	24.0
観光パンフレット	17.5
テレビ	11.5
インターネット	6.5
新聞	2.6
県などが行う宣伝活動	1.8
その他	14.6
情報源なし	6.0

　島原市の観光地以外での立寄り先については図 6.11 のように、「雲仙温泉街（雲仙仁田峠を含む）」が多い。雲仙は島原市に立ち寄る観光客の宿泊先となっているためである。島原市の観光と雲仙方面の観光は観光ルートを形成している。しかし、前回の調査と比較すると今回の調査では、島原市を訪れた観光客は、長崎市と熊本方面を観光する割合が高くなったが、ハウステンボスを観光する割合は低くなった。

③火山災害学習体験施設における観光行動

　口絵 3 に示す火山災害学習体験施設の入場者数は、多い施設と少ない施設に分かれているため、施設相互のネットワーク化を図るには、観光客の観光行動を把握する必要がある。「立ち寄る施設」を聞いたところ表 6.4 の結果を得た。雲仙岳災害記念館、道の駅みずなし本陣ふかえおよび島原城を訪れる観光客は、大野木場砂防みらい館や平成新山ネイチャーセンターを訪れる割合が少ない。観光客は、雲仙岳災害記念館、道の駅みずなし本陣ふかえ

第6章　火山災害学習体験施設の整備とフィールドミュージアム化

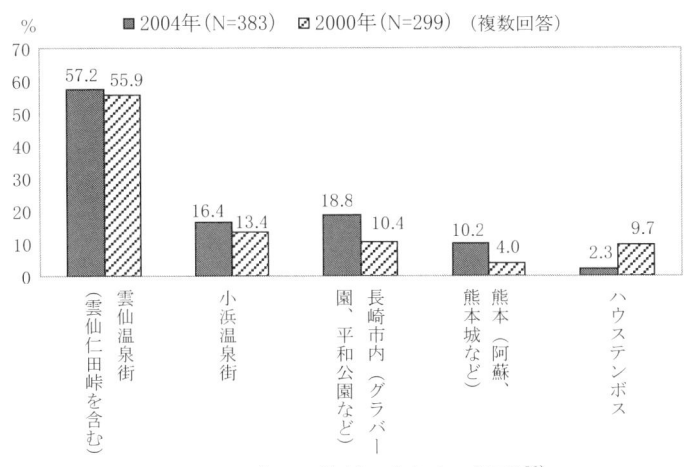

図6.11　今回の旅行で立ち寄る場所[26]

グラフデータ（2004年 N=383、2000年 N=299、複数回答）:
- 雲仙温泉街（雲仙仁田峠を含む）: 57.2 / 55.9
- 小浜温泉街: 16.4 / 13.4
- 長崎市内（グラバー園、平和公園など）: 18.8 / 10.4
- 熊本（阿蘇、熊本城など）: 10.2 / 4.0
- ハウステンボス: 2.3 / 9.7

および島原城にはそれぞれ立ち寄っており、これらの施設を結ぶコースは定着していると考えられる。観光客は国道251号沿いで場所が比較的わかりやすい施設を訪れている。

平成新山フィールドミュージアム構想では、火山災害学習体験施設を訪れることで、学習・体験活動ができるモデルコースを設定し、パンフレット[32]などで周知を図っている。また、「施設の満足度」を聞いたところ、火山災害学習体験施設に対する観光客の満足度はいずれの施設も高いことから、学習・体験活動に結びつけるために、各施設でほかの施設の情報提供をきめ

表6.4　観光客の立寄り先（調査地点別、複数回答）[26]

項　目	雲仙岳災害記念館 (N=91) %	道の駅 (N=112) %	大野木場砂防みらい館 (N=50) %	平成新山ネイチャーセンター (N=52) %	島原城 (N=78) %
雲仙岳災害記念館	-	21.4	30.0	46.2	39.7
道の駅みずなし本陣ふかえ	39.6	-	22.0	57.7	34.6
大野木場砂防みらい館	7.7	5.4	-	11.5	3.8
平成新山ネイチャーセンター	3.3	4.5	4.0	-	2.6
島原城	38.5	42.0	42.0	34.6	-

細かく行うことが必要である。

④災害復興と平成新山フィールドミュージアム構想の認識について

島原地域を訪れる観光客はわずかながら増加しており、火山観光を目的に訪れていると考えられるため、「旅行前から雲仙普賢岳の火山災害やその後の復興について知っていたか」と聞いたところ図 6.12 の結果を得た。「良く知っていた」と「だいたい知っていた」を合わせると 84％を占める。島原市を訪れる観光客は、雲仙普賢岳の火山災害や復興のことを知っていたことが確認できる。

火山災害学習体験施設の特色を説明した上で「平成新山フィールドミュージアム構想を知っているか」と聞いたところ、「あまり知らなかった」と「ほとんど知らなかった」を合わせると 82％が「知らなかった」と回答した。平成新山フィールドミュージアム構想のシンボルマークや愛称な

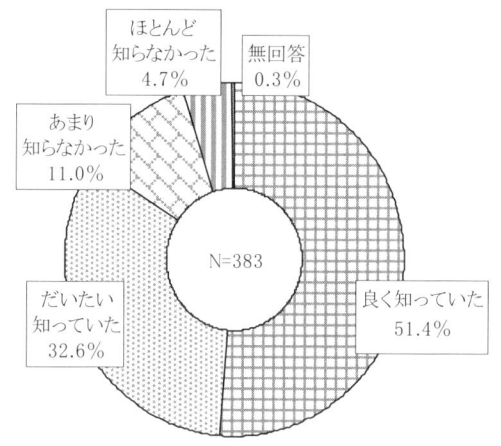

図 6.12 島原の火山災害や災害復興についての認識度（全体）[26]

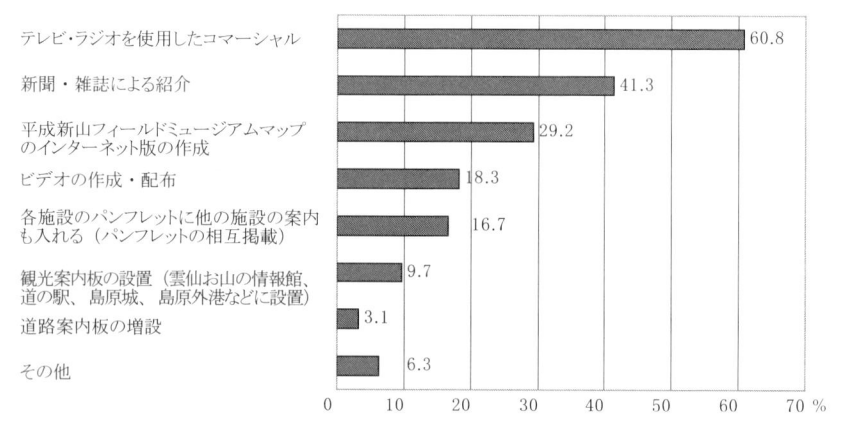

図 6.13 平成新山フィールドミュージアム構想を知ってもらう方法[26]
（N = 383、複数回答）

- テレビ・ラジオを使用したコマーシャル　60.8
- 新聞・雑誌による紹介　41.3
- 平成新山フィールドミュージアムマップのインターネット版の作成　29.2
- ビデオの作成・配布　18.3
- 各施設のパンフレットに他の施設の案内も入れる（パンフレットの相互掲載）　16.7
- 観光案内板の設置（雲仙お山の情報館、道の駅、島原城、島原外港などに設置）　9.7
- 道路案内板の増設　3.1
- その他　6.3

どを広く一般から募集し、パンフレットや雲仙岳災害記念館のホームページなどで PR 活動を行っているが、観光客にはアピールできていない。

「平成新山フィールドミュージアムを知ってもらうにはどうしたらいいか」と聞いたところ図 6.13 の結果を得た。「テレビ・ラジオを使用したコマーシャル」、「新聞・雑誌」など観光する前の情報に加えて、「各施設のパンフレットにほかの施設の相互掲載」、「観光案内板の設置」、「道路案内板の増設」など島原に来てからの情報提供も必要とされている。

⑤ 交通手段について

「移動のための交通手段」を聞いたところ、図 6.14 の結果を得た。各施設とも「自家用車」が多い。「交通手段の満足度」を聞いたところ、「満足である」が 63％である。「不満である」と回答した人は、道路案内板が不十分であると考えているようである。今回の調査では乗用車、フェリー、鉄道および路線バスの利用が減り、観光バスの利用が増えた。

また、観光客の居住地別の交通手段では、熊本県からの観光客に「フェリー」の利用が目立つ。一方、福岡県、そのほか九州内および九州外は「観光バス」の利用が多い。

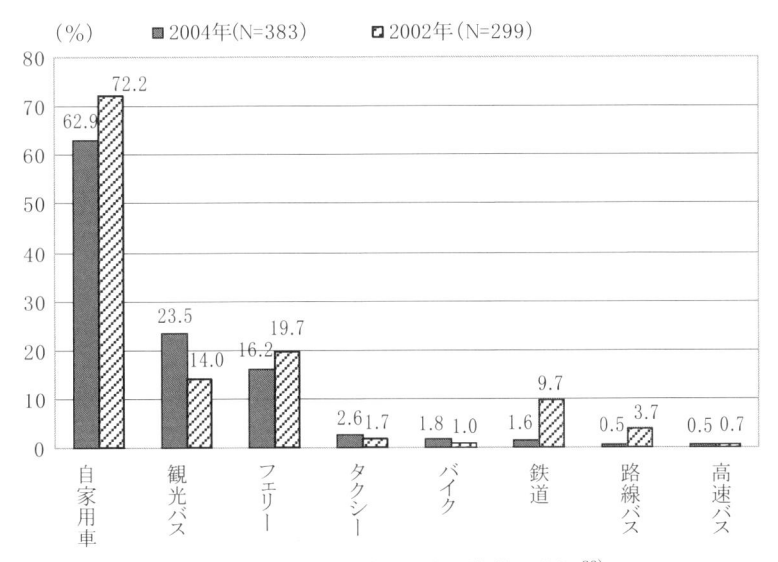

図 6.14 観光客の交通手段（複数回答）[26]

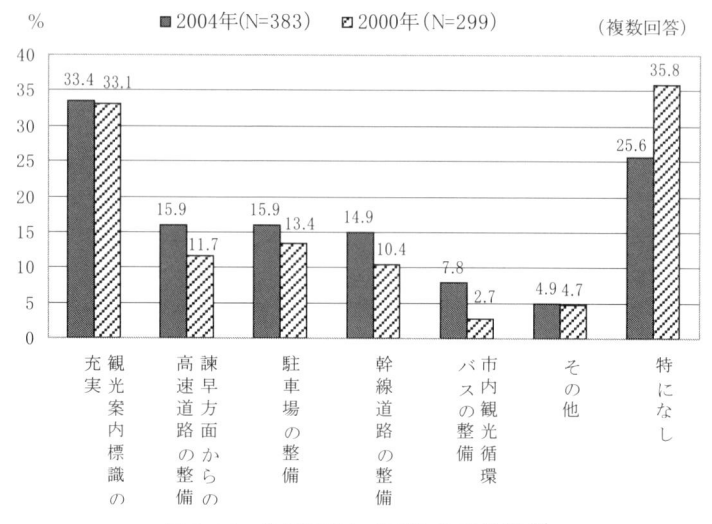

図6.15 島原観光に必要な施設整備[26]

島原市へのアクセスで「陸路を利用した」と回答した観光客の経路は、「国道57号」(41%) が最も多い (口絵1参照)。「国道57号」沿いの雲仙温泉街や小浜温泉街を観光する観光客が多いためである。次いで、「国道251号」(26%)、「グリーンロード (広域農道)」(19%) となっている。

⑥ 島原観光にあたっての課題

島原地域を観光するうえで、充実させるべき施設について聞いたところ、図6.15の結果を得た。「観光案内標識の充実」(33%) が高く、施設別では、大野木場砂防みらい館、平成新山ネイチャーセンターおよび島原城では半数近くに達した。平成新山フィールドミュージアム構想実施計画[25]で提案された「市内観光地を巡る循環バス、乗り合いタクシーの運行」のニーズは8%程度である。

5　観光支援策と商工観光業者の評価

本節では、島原市の観光客、観光消費額、観光支援策などのデータを示すとともに、火山観光化に対する地元の評価を明らかにするために、観光客を

受け入れる側の商工観光業者を対象とした火山観光化に対するアンケート調査を実施した。観光状況の変化、火山観光化の効果、構想の周知状況、観光客に対する情報提供・サービスおよび火山観光化に関する行政・施設に対する要望など得られた結果から、商工観光業者の火山観光化に対する反応・評価を明らかにする。

(1) 商工観光業の現状と分析

図 6.16 に島原市、長崎市および長崎県の観光消費額を示した[33]。島原市の観光消費額は、1994 年以降回復傾向にあったが、その後はほぼ横ばいで、1988 年の 80％の水準を維持している。火山災害直後から行政などにより実施された観光支援策により踏みとどまっている状態である。

島原半島の中核都市である島原市の商工業は近隣町から多くの購買力を吸収し、1988 年統計の年間商品販売額[34]で島原半島商業の 46％を占めていたが、2002 年統計では 40％に減少した。

(2) 商工観光振興支援策

雲仙岳災害対策基金を活用して、1991 − 2001 年まで 73 事業が実施され、基金事業総額 274 億 6,109 万円（100％）のうち、商工業・観光振興事業

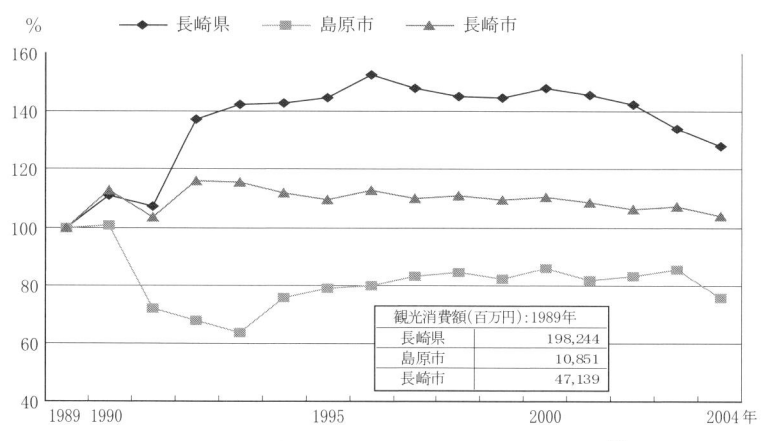

図 6.16　島原市、長崎市、長崎県の観光消費額[26]
（1989 年を 100 とした場合）

として、商店街共同施設などの設置助成、商工業者が警戒区域などから移転する場合の助成、観光振興のための大型イベントへの助成など、35億4,775万円（13%）を実施した[35]。

島原市は、1991年12月に島原市義援金基金を創設し、長崎県とともに助成事業を行った[35]。雲仙岳災害対策基金事業は2001年度に終了したが、復興・回復が遅れている分野に引き続き支援をするために、雲仙岳災害記念財団[32]へ必要な財源を寄付し事業を引き継いだ。事業期間は2004年度までとし、新規事業は対象外とした。

基金を使った観光客誘致助成事業の一覧[35]を表6.5に示す。噴火継続中

表6.5 観光客誘致助成事業[35]

実施期間	主な助成事業名	助成交付額（万円）
噴火継続中 （1991－1995）	商店街など活性化事業 マスメディア活用事業 ｴｰｼﾞｪﾝﾄｷｬﾘｱｰ対策事業 学校など団体誘致事業 大型イベントなど支援事業 島原半島復興物産展開催事業	93,490
噴火終息後 （1996－2001）	商店街など活性化事業 マスメディア活用事業 ｴｰｼﾞｪﾝﾄｷｬﾘｱｰ対策事業 学校など団体誘致事業 大型イベントなど支援事業 島原半島復興物産展開催事業 観光基盤整備事業 テレビ60秒スポット制作事業 日蘭タイアップ誘致対策事業 島原半島特別誘客対策事業	191,432
基金終了後 （2002－2004）	マスメディア活用事業 ｴｰｼﾞｪﾝﾄｷｬﾘｱｰ対策事業 学校など団体誘致事業 イベントなど支援事業 島原半島特別誘客対策事業 島原半島復興物産展開催事業	70,200

表 6.6 商店街共同施設など設置助成事業[35]

実施期間	主な助成事業名	助成交付額（万円）
噴火継続中 （1991 − 1995）	アーケード上屋再建改修	9,118
	アーケード降灰除去	
噴火終息後 （1996 − 2001）	アーケード改修	16,978
	商店街街路灯改修	
	アーケード連結部改修	
	休憩所改修	
	商店街街路灯設置	
	公衆便所建設	
	コミュニティ施設建設	
	インフォメーション・ディスプレイ導入	
	街路灯改修	

　は、商店街の活性化を図る復興PR事業となる商店街のイベントへの助成、火山災害に伴う島原半島観光のイメージを回復するための事業への助成、旅行エージェントの企画担当者へ島原半島を取り込んだ商品の企画、PRに対する助成、修学旅行誘致事業、大会・会議誘致事業による経費の一部助成などを実施した。噴火活動終息後は、観光客誘致のために観光基盤整備の助成、復興に向けての取組みなどのテレビ放送の経費の一部負担、日蘭交流400周年記念事業に関連した事業に要する経費の一部負担などを行った。また、基金終了後も島原半島の誘客事業への助成を継続した。

　商店街共同施設など設置助成事業の内容[35]は表6.6に示すとおりである。噴火継続中は、商店街振興組合が商店街アーケードの改修や降灰除去などの防災対策を実施する場合に助成をした。噴火終息後は、振興対策の観点からアーケード、カラー舗装、駐車場、コミュニティホール、イベント広場などの商店街共同施設などの整備に助成を行った。

　商工業施設再建時など助成事業[35]は表6.7のようにまとめられる。警戒区域または避難勧告地域内の中小企業が移転（仮移転を含む）や現在地で再開する場合に助成した。さらに、誘致企業に対する助成事業として、島原半島に立地する企業に対する利子補給を行うものであったが実績はなかった。

　商工観光支援策における行政の支援策、雲仙岳災害対策基金および島原市

表6.7 商工業施設再建時等助成事業[35]

実施期間	主な助成事業名	島原市	深江町	助成交付額（万円）
噴火継続中 (1991 - 1995)	現地再建	36件	23件	5,227
	移転	128件	43件	31,371
噴火終息後 (1996 - 2001)	現地再建	15件	5件	1,489
	移転	94件	4件	131

表6.8 行政の支援策と基金の役割[35]

行政	長崎県災害対策基金	島原市災害対策基金
・商店街リフレッシュ事業 ・商店街魅力アップ事業 ・商店街クリエイティブ事業	・商店街共同施設など設置助成事業	・商店街共同施設整備助成事業
・観光客誘致事業 ・観光宣伝事業 ・地場産業振興事業	・観光客誘致助成事業	・商店街活性化助成事業
・商工業者などに対する移転対策資金および復興資金	・商工業施設再建時など助成事業	
・工場など設置資金貸付金	・誘致企業に対する助成事業	

義援金基金の役割を表6.8に示した。行政は従来の補助制度を活用して弾力的に支援をし、雲仙岳災害対策基金と島原市義援金基金は、商工観光業者の災害からの立ち上がりに重点をおいて助成事業を実施した。なお、基金終了後も3年を上限に商工業観光振興事業は継続された。

(3) 商工観光業者の評価

本調査では、火山観光化について観光客を受け入れる側の商工観光業者がどのように評価しているかを示した。

①アンケート調査の概要

島原市内の宿泊施設、土産物店、交通・運輸業および飲食店を対象にアンケート調査を実施した。2005年12月に「火山観光に関する商工業アンケート調査」を、島原温泉観光協会の会員のうち、上述の宿泊施設、土産物店、交通・運輸業および飲食店の45店舗に手渡し方式で43部を配布し、郵送方式により38部を回収した（回収率84%）。

第6章 火山災害学習体験施設の整備とフィールドミュージアム化

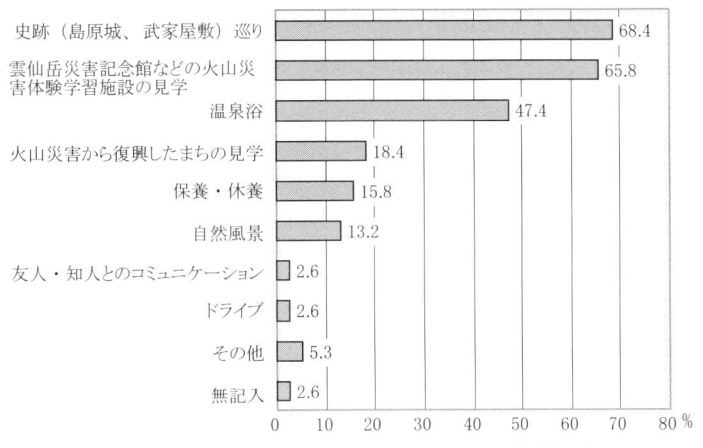

項目	割合(%)
史跡(島原城、武家屋敷)巡り	68.4
雲仙岳災害記念館などの火山災害体験学習施設の見学	65.8
温泉浴	47.4
火山災害から復興したまちの見学	18.4
保養・休養	15.8
自然風景	13.2
友人・知人とのコミュニケーション	2.6
ドライブ	2.6
その他	5.3
無記入	2.6

図6.17 島原観光の目的 (N = 38、複数回答)

回答業種は、「宿泊施設」(50％)、「交通・運輸業」(26％)、「飲食店」(13％)、「土産物店」(8％)となっている。商工観光業の所在地は、「白山地区」(42％)が最も多く、島原市の海の玄関口である島原外港周辺に集中している。

② 火山観光化の効果

商工観光業者からみた観光客の島原観光の目的を図6.17に示す。商工観光業者は、従来型の「史跡(島原城、武家屋敷)巡り」と並んで「雲仙岳災害記念館などの火山災害学習体験施設の見学」が多いと評価した。以下ここでは火山観光客とは、火山災害学習体験施設を見学する観光客のことをさす。

火山観光化による効果は期待どおりであったかを聞いたところ、「いいえ」(58％)が半数以上である。商工観光業者はかなりの効果を期待したようであるが、現実は観光客の大幅な減少を抑える効果を果たしている程度である。商工観光業者が火山観光化の恩恵を受けていると思う地域は、復興拠点である「安中地区」(66％)が最も多く、次いで「白山地区」(16％)、「森岳地区」(11％)の順であった。

③ 平成新山フィールドミュージアム構想に対する認識

平成新山フィールドミュージアム構想を知ってもらうためには、観光客を受け入れる側の商工観光業者が構想の内容について知っておく必要がある。

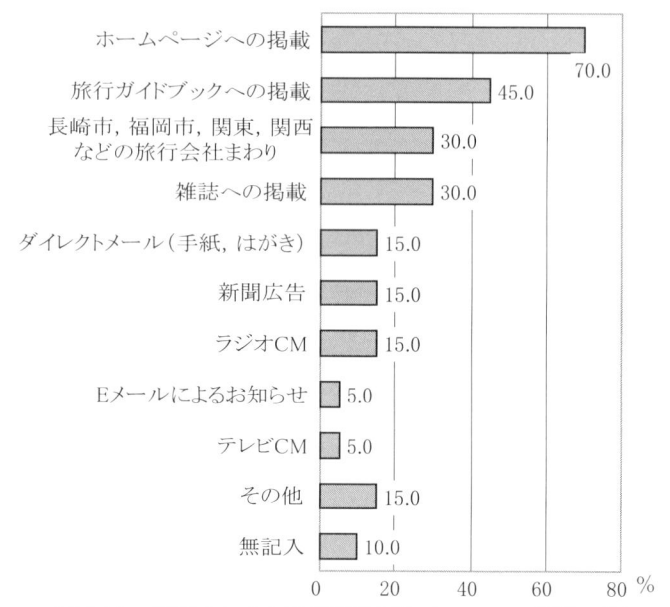

情報提供方法	%
ホームページへの掲載	70.0
旅行ガイドブックへの掲載	45.0
長崎市, 福岡市, 関東, 関西などの旅行会社まわり	30.0
雑誌への掲載	30.0
ダイレクトメール (手紙, はがき)	15.0
新聞広告	15.0
ラジオCM	15.0
Eメールによるお知らせ	5.0
テレビCM	5.0
その他	15.0
無記入	10.0

図6.18 集客のための情報提供方法 (N = 20、複数回答)

そこで構想についてどの程度知っているかを聞いたところ、「良く知っている」と「だいたい知っている」の計は57％で、周知状況が高いとは言い難い。構想で拠点施設として位置付けられている雲仙岳災害記念館などの施設の内容を知っているかを聞いたところ、大部分が拠点施設を訪れたことがあり施設の内容は把握している。

④観光客に対する情報提供・サービス

商工観光業者が、観光客の集客のためにどのような観光情報を提供しているか、どのような自主的なサービスを行っているかを聞いた。観光客が訪れる前に、集客のための情報提供を行っていると回答した20事業所の情報提供方法を図6.18に示す。「ホームページへの掲載」が最も多い。情報提供していないと回答している商工観光業者の業種に偏りが見られないことから、事業規模によるものと思われる。このようなことから、島原温泉観光協会は情報提供の共同化を行い、島原温泉観光協会のホームページで、単独による情報発信が困難な商工観光業者のための情報提供を行う必要がある。

第6章　火山災害学習体験施設の整備とフィールドミュージアム化

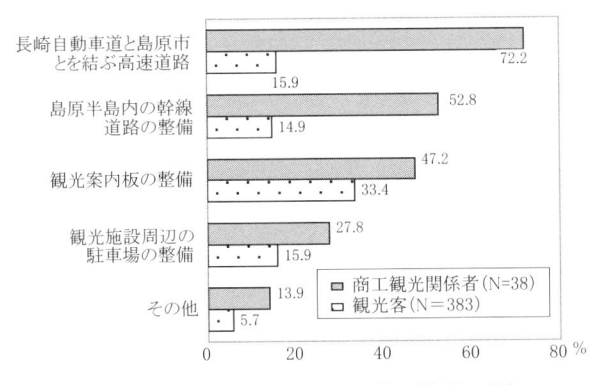

```
長崎自動車道と島原市       ▓▓▓▓▓▓▓▓▓▓▓▓▓▓▓ 72.2
  とを結ぶ高速道路       ░░ 15.9
島原半島内の幹線         ▓▓▓▓▓▓▓▓▓▓▓ 52.8
    道路の整備         ░░ 14.9
  観光案内板の整備       ▓▓▓▓▓▓▓▓▓ 47.2
                      ░░░░░░ 33.4
観光施設周辺の          ▓▓▓▓▓ 27.8
   駐車場の整備         ░░ 15.9
                      ▓▓▓ 13.9    商工観光関係者(N=38)
     その他            ░ 5.7      観光客(N=383)
           0    20   40   60   80 %
```

図 6.19　基盤施設整備の要望（複数回答）

観光客への調査によると、旅行の情報源は、「友人・知人に勧められて」（28%）、「雑誌・旅行ガイドブック」（24%）、「インターネット」（7%）であった。

訪れた観光客に情報提供を行っていると回答した28事業所の情報提供方法は「観光パンフレットの提供」（86%）、「観光案内図の提供」（75%）が多く、大部分がこの二つの情報提供である。観光客に対するサービスとしては旅館・ホテルの関係者の34%が火山関係施設へのマイクロバスなどによる送迎サービスを実施している。

⑤行政や拠点施設に対する要望

商工観光業者に、行政に対して火山観光化のために充実や改善して欲しいことがあるかと聞いたところ、「ある」（95%）がきわめて多い。具体的な基盤施設整備の要望について商工観光業者と観光客の回答[26]を図6.19に示す。商工観光業者は「長崎自動車道と島原市とを結ぶ高速道路」（72%）、「島原半島内の幹線道路の整備」（53%）、「観光案内板の整備」（47%）を求めているのに対して、観光客は「観光案内板の整備」（33%）の割合が高い。観光支援要望としては、「島原観光のPR活動」（72%）、「観光助成制度の充実」（47%）が多い。商工観光業者の行政への依存や待ちの姿勢が表れた結果となった。道路整備の要望については、長崎空港や長崎自動車道諫早インターチェンジから島原までの所要時間がかかること、火山災害時の道路不通

表 6.9 拠点施設の改善要望（N=38、複数回答）

項　　目	雲仙岳災害記念館 数	%	道の駅みずなし本陣ふかえ 数	%	平成新山ネイチャーセンター 数	%	大野木場砂防みらい館 数	%
施設内容	6	15.8	2	5.3	0	0	0	0
駐車場の整備	0	0	1	2.6	0	0	0	0
案内板の整備	3	7.9	1	2.6	6	15.8	8	21.1
情報提供	6	15.8	4	10.5	6	15.8	6	15.8
開閉館時間	6	15.8	2	5.3	0	0	0	0
入場料見直し	18	47.4	0	0	0	0	0	0
無記入	11	28.9	30	78.9	28	73.7	27	71.1

の実情に起因していると思われる。他の都市が高速道路で結ばれてくるにしたがって相対的に遠いというイメージが定着している。

　商工観光業者に拠点施設の改善要望を聞いたところ、表6.9の結果を得た。雲仙岳災害記念館については「施設内容」（16％）があったが、ほかの拠点施設については施設内容に関する要望は少ない。「駐車場の整備」は各施設とも充実しており問題はない。「案内板の整備」と「情報提供」は、幹線道路である国道251号と国道57号から離れた場所にある大野木場砂防みらい館と平成新山ネイチャーセンターで要望が多い。「開閉館時間」は、集客が多い雲仙岳災害記念館と道の駅みずなし本陣ふかえで多く、観光客の行動に合った朝のフェリーの出発前の開館、閉館時間の見直しが必要と思われる。「入場料見直し」は、雲仙岳災害記念館の有料展示ゾーンの入場料（1,000円）に関係したものであり、入場料の減額を検討する必要がある。

　平成新山フィールドミュージアム構想[25]の中でフィールド内のネットワーク化を行うためマップ・ガイドブックの作成、ホームページの作成、統一案内板の設置などが行われた[35]。商工観光業者に、このような施設についての情報の一元化や施設のネットワーク整備が必要かと聞いたところ、「必要」（90％）が大部分を占める。そこで「必要」と回答した34人を対象に、今後必要とされるネットワーク整備は何かと聞いたところ、図6.20の結果を得た。「統一案内板を増やす」が最も多い。また、2004年の調査[26]でも、

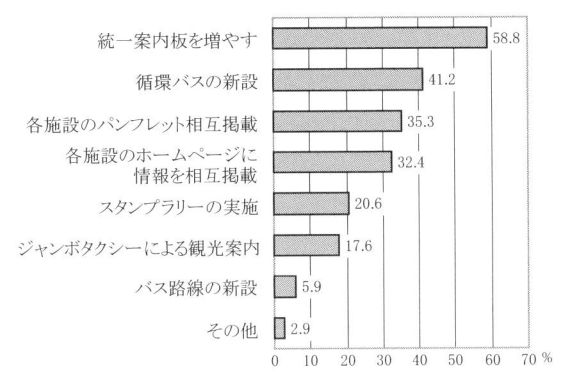

図6.20　今後必要とされるネットワーク整備（N = 34、複数回答）

項目	%
統一案内板を増やす	58.8
循環バスの新設	41.2
各施設のパンフレット相互掲載	35.3
各施設のホームページに情報を相互掲載	32.4
スタンプラリーの実施	20.6
ジャンボタクシーによる観光案内	17.6
バス路線の新設	5.9
その他	2.9

　案内板の設置要望が多いことから、6箇所の統一案内板が現在整備されているが、さらなる増設が求められている。マイカーのドライバーへの案内システムなどの開発も望まれる。若い人はドライブ目的に来ているので、情報提供をすれば立ち寄る可能性がある。

⑥ネットワーク整備の今後の方向性について

　火山災害直後から噴火終息後も商工観光業者は、生活再建や災害からの立ち上がりのために、雲仙岳災害対策基金や島原市義援金基金による支援を受けてきたが、その支援も終了した。また、復興事業がほぼ終了し、火山災害学習体験施設のような新たな施設が建設されることは考えられない。さらに、商工観光業者が望む高速道路や幹線道路の整備は、計画されてはいるものの事業費の確保や用地買収などから時間を必要とする。

　このため、行政をはじめ地元関係者で作成し、現在の観光資源を有効に活用する平成新山フィールドミュージアム構想を実現していくことが、今後の方向性として最も現実的である。この構想の実施施策で、2004年度までに「火山学習資源の保全・掘起こし」、「火山学習資源の活用」および「フィールド内のネットワーク整備」の三つの事業が実施された。今後も必要に応じて統一案内板など整備を行い、火山災害学習資源の説明板や誘導板の配置の見直し追加を行っていかなければならない。島原市や島原温泉観光協会が実施主体となり、PR対策と一体的な事業継続が必要である。

平成新山フィールドミュージアム構想を実践するための商工観光業者の自主的な取組みとして、緋寒桜を砂防指定地の利活用で安中地区に植栽し、梅、桜、つつじと継続的な集客対策に活用するなどの動きが見られる。商工観光業者は、NPO法人島原普賢会や雲仙岳災害記念館などを通じて火山を抱える都市との連携を行うことも有効と思われる。

6　まとめ

以下に、アンケート調査とその分析から得られた結果をまとめる。
・火山災害学習体験施設でアンケートに回答した観光客の80％は、九州内の観光客である。県内で1泊する観光客が多いが、島原市での観光は通過型観光である。以前島原に来たことがある観光客は70％を超え、リピーターが多い。また、再来訪の意向を持っている観光客は90％に及んでいる。旅行で島原を選んだ理由は多様であるが、年齢別に特徴があることが分かった。20－30歳代はドライブ、温泉浴が目的であるが、年齢が高くなると火山災害からの復興、火山災害学習体験などの割合が高い。また、島原を訪れる情報源として口コミが多い。
・交通手段別では、自家用車の利用が多い。熊本県からの観光客はフェリーを多く利用し、そのほかの陸路利用の観光客の多くは、国道57号を利用して島原を訪れている。多くの観光客は、島原地域を観光するのに必要な整備として観光案内標識の充実を望んでいる。火山災害学習体験施設には、観光案内標識を望む回答の割合が高い施設もある。
・雲仙岳災害記念館、道の駅みずなし本陣ふかえおよび島原城を結ぶ観光コースは定着している。また、火山災害学習体験施設に対する満足度は高い。島原を訪れる観光客は、雲仙普賢岳の火山災害やその後の復興について知っているが、平成新山フィールドミュージアム構想の認識状況は低い。また、観光する前の情報に加えて、島原に来てからの情報の提供も必要とされていることが分かった。
・観光消費額は火山災害後に激減したが、噴火以前の80％程度を維持して

いる。国の特別措置により長崎県は、雲仙岳災害対策基金を創設して、商工観光振興事業を実施し、行政の従来の助成事業に加え災害からの立ち上がりに重点をおいて助成事業を行った。噴火終息後は、観光客誘致のための事業が数多く展開され、基金終了後も復興が遅れている観光分野に引き続き支援が継続されたが、依然として厳しい状況が続いている。

・商工観光業者は、観光客に占める火山観光客の割合は 30％程度と回答しており、1996 年と比べると売上額は減ったと回答した割合が高い。火山観光化が期待どおりであったとする回答は少なく、火山観光化の恩恵を受けている地区は安中地区であるとの評価であった。

・平成新山フィールドミュージアム構想推進会議は、火山観光化を推進するために平成新山フィールドミュージアム構想を策定したが、商工観光業者の認知度は高くない。しかし、構想の拠点施設である 4 箇所の火山災害学習体験施設の内容については把握している。また、観光客に対してのサービスは、集客のための情報提供としてはホームページへの掲載、訪れた後の情報提供としては観光パンフレットや観光案内図の提供が行われている。商工観光業者の自助努力としては、旅館・ホテル関係者の一部によって火山関係施設へのマイクロバスなどによる送迎サービスが行われている。

・商工観光業者は、長崎自動車道と島原市を結ぶ高速道路の整備が火山観光化に必要な基盤施設整備であると考えているが、観光客は、観光案内板の整備を求めている。観光支援については島原観光の PR 活動の要望が多い。火山災害学習体験施設の改善には、案内板の整備や情報提供に関する意見が多く、今後必要とされるネットワーク整備は、観光客と同じように統一案内板の増設を求めている。

第 7 章　災害を経験した市民の復興および防災意識

1　まえがき

　雲仙普賢岳の噴火の停止が確認されると、長崎県は1996年度に地域住民、関係市町、国の機関および地元の各種団体と一体となって島原地域全体の復興を目指した島原地域再生行動計画[13)]（通称がまだす計画）を策定した。このがまだす計画において、これまでの噴火継続中に提案された復興計画の実施主体、財源と実施時期を明らかにするとともに、道の駅の建設、土石流災害遺構の保存などの火山観光の新規計画も取り入れられた。がまだす計画の期間は1997－2001年度の5年間であった。

　本章で示す調査時点は、がまだす計画の最終年度の2001年度で、復興事業の基本的部分は予定どおりほぼ終了しつつあった。しかし、火山観光化などの地域振興策の推進、身近な生活環境の整備やまちづくりにおいて噴火活動で停滞した分野の充実、また復興事業で整備した施設の維持管理費などの新たな課題が発生し、火山災害の後始末で解決すべきことがまだ多い状況にあった。

　また、1994年以降、島原市においては土石流や火砕流による被害はなく、安全確保のための治山・砂防えん堤および導流堤の工事も順調に進んでいた。地域の安全性向上に対応させて、2001年度に雲仙復興事務所は、1992年に策定した基本構想における流出土砂量を見直し、砂防えん堤の規模を縮減した。このように島原地域の安全性は高まったが、雲仙普賢岳の山腹には大量の土砂が堆積しており、土石流の発生の危険性は依然として高い。さらに、雲仙普賢岳の溶岩ドームや眉山の大地震による崩壊のおそれも残っている。特に島原市民は1792年寛政の噴火の後に発生した眉山の崩壊の再来に敏感である。このように島原市では今後も災害が発生する可能性がほかの地域に

比べて高く、噴火時に蓄積した災害情報の収集・伝達体制、防災意識および自主防災組織などの防災体制の一部を維持する必要がある。

そこで、本章は2001年10月に実施した島原市民アンケート調査を基に、生活環境、生活基盤の整備、復興対策の重点事項および火山観光化に関する市民の受取り・評価を分析する[36]。さらに、調査結果を同じく著者による市民を対象にした噴火継続中と噴火終息2年後の調査などと比較する。

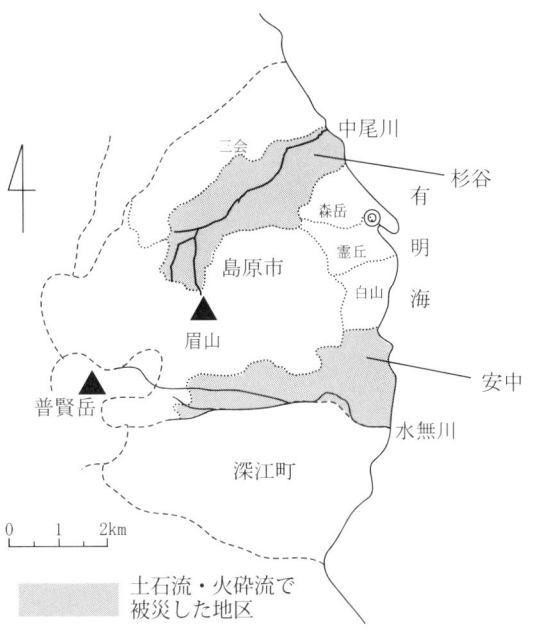

図7.1 島原市（合併前）の地域区分[37]

さらに、本章の後半では、噴火終息後6年目における災害時の避難対策の周知状況、防災都市づくりに対する意向と火山災害からの復興期における島原市の防災における課題などを明らかにする[37]。

2 アンケート調査の概要

島原地域の復興・振興に関する市民の反応や、噴火終息後における市民の地域防災力を明らかにすることを目的に「島原市全域の復興・振興に関するアンケート調査」と題する調査を2001年10月に実施した。アンケートの対象者は島原市全域の20歳以上の市民を選挙人名簿から無作為に約4％（1,325人）を抽出した。調査票は郵送方式で配布・回収し、回収率は44％であった。また、集計においては、比較的まとまったコミュニティで特徴ある性格を持つ小学校区により分けられる三会、杉谷、森岳、霊丘、白山およ

表 7.1　地区別配布部数、回収部数および回収率[36]

	配布部数	回数部数	回収率（％）
三会地区	170	68	40.0
杉谷地区	139	60	43.2
森岳地区	271	127	46.9
霊丘地区	236	113	47.9
白山地区	283	128	45.2
安中地区	226	90	39.8
合計	1325	586	44.2

表 7.2　回答者の年齢構成[36]（N = 586）

項　目	人数（人）	（％）
２０歳代	35	6.0
３０歳代	55	9.4
４０歳代	110	18.8
５０歳代	122	20.8
６０歳代	125	21.3
７０歳以上	117	20.0
無回答	22	3.7

表 7.3　回答者の職業[36]（N = 586）

項　目	人数（人）	（％）
農林業	20	3.4
漁業	8	1.4
自営工業	9	1.5
自営商業	56	9.6
公務員	38	6.5
会社員	118	20.1
専門職・自由業	32	5.5
家庭婦人	102	17.4
学生	4	0.7
無職	145	24.7
そのほか	29	5.0
無回答	25	4.2

び安中の 6 地区について分析を行った（図 7.1）。

　地区別の回収率は表 7.1 に示すとおりである。回答者の属性は、男性が 47％、女性が 53％で、年齢構成と職業を表 7.2、表 7.3 に示す。居住年数を見ると、「5 年未満」が 7％と市外からの流入が増え始めていることが指摘できる。

3　復興・振興に関する市民の反応

(1) 島原での生活について
①島原市での生活の現状

　「これからも島原に住み続けたいか」と聞いたところ、「住み続けたい」とする回答が 93％を占めた。この結果は、噴火継続中および噴火終息後の調査と同程度である（図 7.2）。年齢別集計で見ると、若年層ほど「住み続け

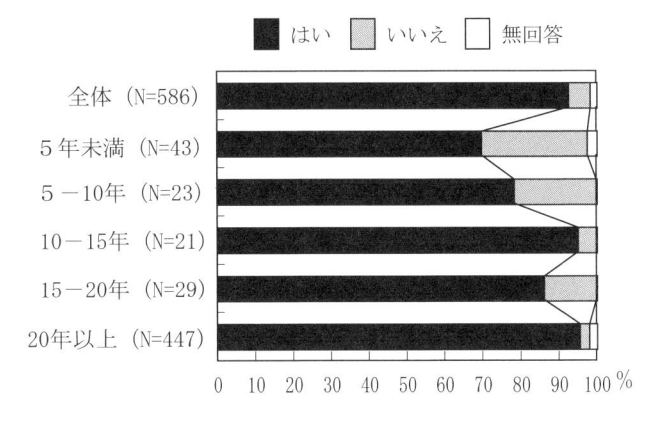

第 7 章 災害を経験した市民の復興および防災意識　137

図 7.2　これからも島原に住み続けたいか（全体）[36]

たくない」とする回答が多く、これまでの調査とほぼ同様の結果が得られた（図 7.2）。「住み続けたくない」とする回答が、20 歳代では 26％、30 歳代では 16％となった。このように若年層において「住み続けたくない」とする回答が多いことは大きな問題である。居住年数別では、居住年数が少ないほど「住み続けたくない」とする回答が多く、「5 年未満」で 28％、「5-10 年」で 22％である。また、職業別で見ると、「住み続けたくない」とする回答が「公務員」で 16％、「家庭婦人」で 12％および「自由業・専門職」で 9％とやや多い。島原での生活に強く拘束されない層の回答が高い。

「噴火が終息して 6 年経過した現在の状況」について聞いたところ、地区別では「回復していない」および「回復するどころかかえって苦しくなっている」とする回答が、島原市南部の白山地区で 45％、安中地区で 39％と多く、依然として苦しい状況が続いている（図 7.3）。

②現在の生活の不便・不満

「現在の生活で不便や不満に思っていることは何か」を聞いたところ、表 7.4 の結果となった。「交通の便」とする回答が最も多く、次に「収入」、「仕事」、「都市下水・排水処理」および「健康・医療」が続く。「交通の便」の改善は災害以前および噴火中から懸案事項であり、以前の調査においても 1 位である。がまだす計画においても島原－諫早間の地域高規格道路整備が重

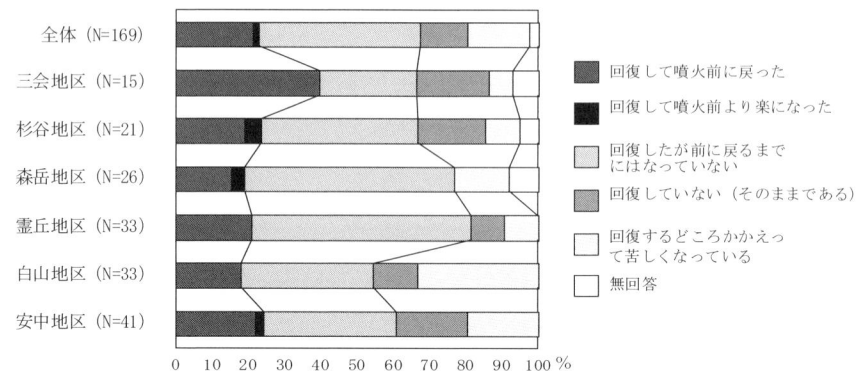

図7.3 噴火が終息して6年経過した現在の状況（地区別集計）

点プロジェクトに掲げられたが、島原市内の一部を除いて整備には至っていない。次に2、3位の収入と仕事は経済的事項であるが、特に「仕事」が噴火継続中よりも著しく増加した。噴火中や復興期の復旧や住宅工事が多い時期に比べて雇用の状況がかえって厳しくなっていることを示す。これは若者の島原からの流出につながり、まちの衰退に影響する問題であり、早急な対策が必要であると思われる。「都市下水・排水処理」に関しては、観光地でかつ湧水がアピールポイントにもかかわらず島原市では下水道の整備が遅れており、生活環境向上や観光地のイメージ向上のために下水道整備の必要性が以前から指摘され、島原市復興計画や島原市都市計画マスタープランに掲げられている。しかし、最終的な意思決定するには至っていない。

地区別で見たところ、被災地の杉谷地区で「仕事」や「収入」の回答が多い結果が得られた。また、同じく被災地の安中地区では「買物」とする回答が多い。さらに、職業別のクロス集計を見たところ、農林業や漁業、自営商業・自営工業において「収入」および「仕事」とする回答が目立つ。

(2) まちづくりについて
① 島原市の人口予測

島原市（有明町との合併前）の人口は、1985年の46,061人から1990年の44,828人とゆるやかに減少を続けていたが、1995年には40,778人

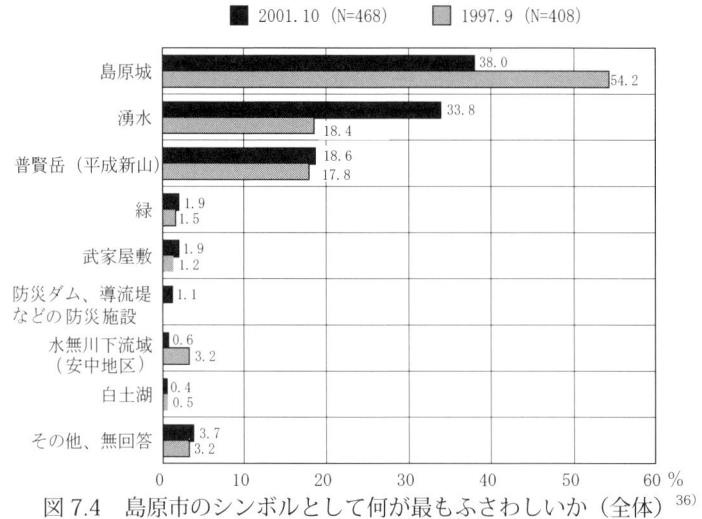

第7章 災害を経験した市民の復興および防災意識

■ 2001.10 (N=468)　■ 1997.9 (N=408)

- 島原城: 38.0 / 54.2
- 湧水: 33.8 / 18.4
- 普賢岳（平成新山）: 18.6 / 17.8
- 緑: 1.9 / 1.5
- 武家屋敷: 1.9 / 1.2
- 防災ダム、導流堤などの防災施設: 1.1
- 水無川下流域（安中地区）: 0.6 / 3.2
- 白土湖: 0.4 / 0.5
- その他、無回答: 3.7 / 3.2

図 7.4　島原市のシンボルとして何が最もふさわしいか（全体）[36]

と火山災害の影響を受けて大幅に減少した。その後、減少の割合は小さくなっているが、2000年には、39,605人と4万人を割り込んだ（いずれも国勢調査の数値）。そこで、「今後の島原市の人口はどうなると思うか」と聞いたところ、「1985年の人口に戻る」、「1990年の人口に戻る」とする回答は合わせて2.7％とごくわずかである。「人口はこのまま減少しつづける」とする回答が65％を占め、市民の中でもこれからの人口増加は難しいという見方が一般的である。島原市基本台帳によれば、旧島原市域の人口は2006年38,823人、2008年38,064人と減少傾向にある。火山災害で同じく被災した隣接する深江町では人口が元の水準以上に回復しており、島原市と際立った差を生じた。深江町では基幹産業の農業が順調に回復し、農業従事者が増えたようである。

② 島原市のシンボルと都市のイメージ

「島原市のシンボルとして何が最もふさわしいと思うか」と聞いたところ、図7.4の結果を得た。「島原城」が38％と最も多く、次いで「湧水」、「普賢岳（平成新山）」の順となっており、従来からのイメージである「島原城」（歴史）と「湧水」（自然）が多い。前回の調査と比べると、「島原城」が減少し、

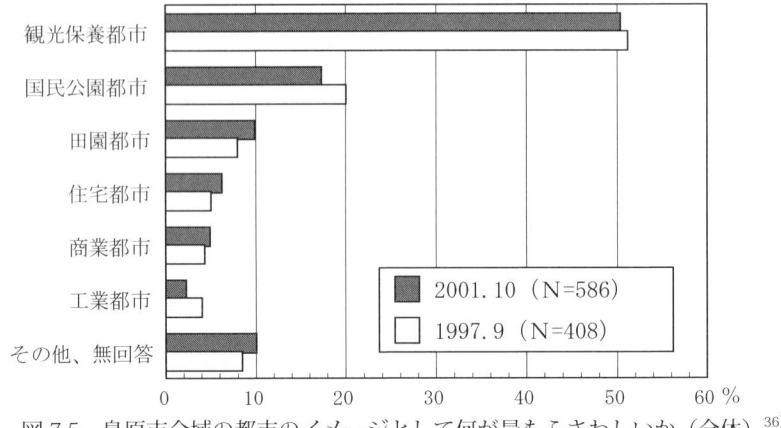

```
観光保養都市
国民公園都市
田園都市
住宅都市
商業都市
工業都市
その他、無回答
```

■ 2001.10 （N=586）
□ 1997.9 （N=408）

図 7.5　島原市全域の都市のイメージとして何が最もふさわしいか（全体）[36]

「湧水」が増えた。「湧水」は森岳地区、白山地区および霊丘地区といった中心市街地で増えた。しかし、「普賢岳（平成新山）」とする回答は増えておらず、島原市のシンボルとして「火山」をイメージする状況になっていない。地区別に調べたところ、被災地区である杉谷地区や安中地区において「普賢岳（平成新山）」を島原のシンボルにふさわしいとする回答は少ない。前回の調査と比べてもその割合は少ない。

　島原市は火山災害継続中に第5次市勢振興計画[38]を策定した。これによれば、噴火中に全国からの支援に応えて復興した都市像として、「火山とともに生きる湧水と歴史の国民公園都市」を掲げていた。これをまちづくり（都市整備）の基本理念としている。島原市民に「島原市全域の都市のイメージとして何が最もふさわしいか」を聞いたところ、図7.5の結果を得た。噴火以前の島原市勢振興計画[39]の都市像「観光保養都市」が半数を占め、火山観光も視野に入れた噴火後の都市像である「国民公園都市」は17.3％に留まった。国民公園都市はこの言葉のみでは内容を伝えることは困難で、説明を要する都市像であるため、市庁舎での垂れ幕、市広報誌、ホームページなどで広報活動を行っていたが、市民に十分に浸透するには至らなかった。地区別では、農地が多い三会地区や杉谷地区で「田園都市」とする回答が16％、15％とほかの地区より多い。また、住宅地が多い霊丘地区や森岳地

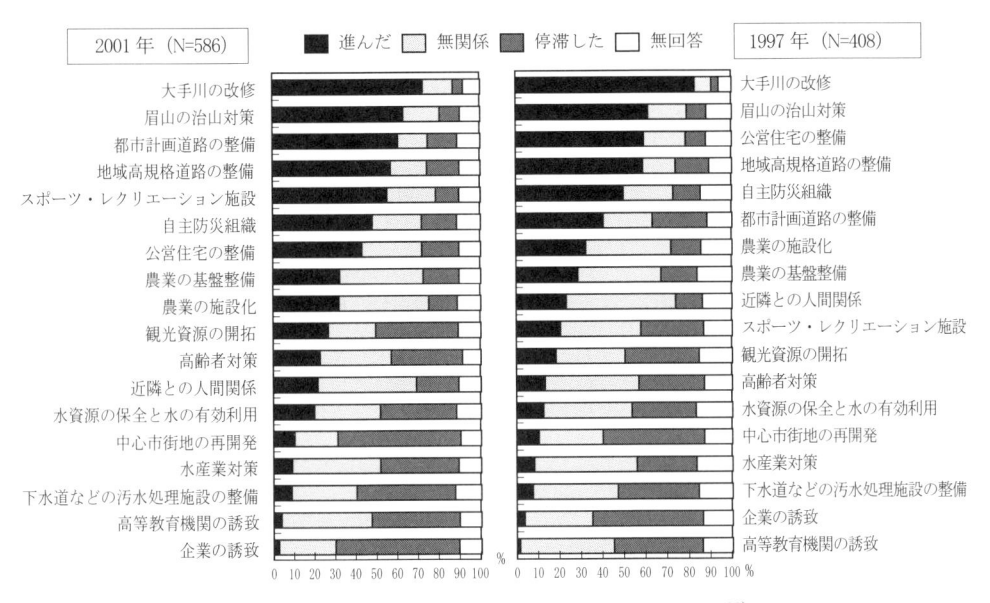

図7.6 各種の都市整備に及ぼした火山災害の影響[36]

区で「住宅都市」とする回答が11％、10％とほかの地区より多く、地区の特性が表れた。火山観光をターゲットにした「国民公園都市」とする回答はどの地区も20％程度である。現在、国民公園都市は公式には使用されていない。水と緑、歴史、温泉および火山の魅力の全てをカバーする、わかりやすいキャッチコピーが必要である。

③ 各種の都市整備に及ぼした火山災害の影響

雲仙普賢岳の火山災害に対する復旧や復興対策で島原地域ではさまざまな事業が実施された。「島原の社会基盤や生活環境整備のハード・ソフト対策が噴火によってどんな影響を受けたか」について聞いたところ、図7.6のような結果を得た。「防災施設」、「道路」、「体育館などのスポーツレクリエーション施設」、「公営住宅の整備」や「自主防災組織」は「進んだ」と評価された。一方で、雇用・仕事の確保のための「企業の誘致」を始め、「下水道などの汚水処理施設の整備」、「中心市街地の再開発」などの表7.4で示した生活環境で不満、不便に思っている事項は「停滞した」と見なされている。1997

表7.4 現在の生活で不便や不満に思っていることは何か[36]（上位10位、複数回答）

項　目	2001年10月 (N = 586) (%)	1997年9月 (N = 408) (%)	1994年12月 (N = 384) (%)
交通の便	39.1	40.7	38.4
収入	33.8	30.4	29.7
仕事	31.6	27.0	19.0
都市下水・排水処理	26.1	28.7	39.6
健康・医療	22.5	27.0	24.0
買物	13.7	13.2	4.9
高齢者福祉	13.3	21.3	17.4
人間関係	8.7	7.6	4.7
駐車場	8.7	14.5	17.7
子供の教育	8.0	7.6	9.4

年の調査と比較しても結果に大きな差はない。

(3) 火山観光化について

　島原地域では火山の恵みを地域の活性化に活かすために火山観光の推進を目指しており、道の駅みずなし本陣ふかえ、土石流災害遺構保存公園、旧深江町立大野木場小学校被災校舎の現地保存、雲仙岳災害記念館、国立公園などの整備が進められた。そこで、「火山観光化についてどう思うか」を聞いてみたところ、図7.7のような結果を得た。「賛成」が62％を占めた。「反対」とする回答が少ない一方で、「どちらともいえない」とする回答も30％と多く、火山観光化に対して戸惑いを感じている人もいる。地区別集計で検討したところ、被災地区においても「反対」は少なく、火砕流や土石流による災害遺構を学習・体験の場として保存し、観光資源として活用することへの抵抗は小さい。被災者の生活再建が順調に進んだ結果と災害後の活性化の必要性を十分確認していることを示している。

　さらに、「現在の島原観光の魅力は噴火前と比べてどう思うか」という問に対しては、「変わらない」とする回答が46％を占め、「魅力が増えた」とする回答は37％である（図7.8）。地区別や被災・非被災地区の差は見受けられない。火砕流で被災した旧深江町立大野木場小学校被災校舎や土石流災害遺構などの火山災害遺構保存など火山観光の資源は増えたものの、このよ

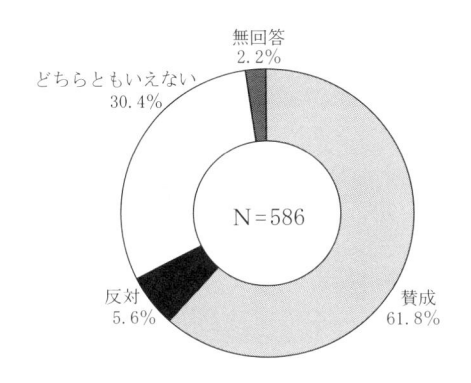

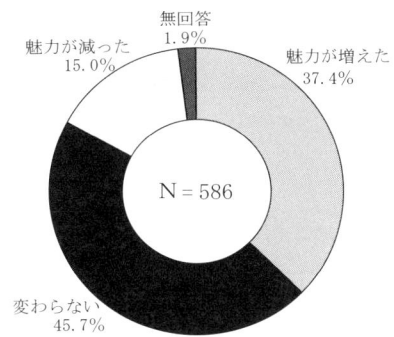

図 7.7　火山観光化についてどう思うか（全体）[36]
図 7.8　現在の島原の観光の魅力は噴火前と比べてどう思うか（全体）[36]

うに「変わらない」とする見方が多い。

　地域の活性化のために、商工業のみならず農業、漁業などへの波及効果が高い火山観光の実現が掲げられ、長崎県を中心に官民一体となってこの実現に取り組んだが、このように市民の期待は必ずしも高くない。行政が市民に対して、火山観光化によって地域にもたらされる効果や個々の役割などをはっきりと示す説明が不足した結果であると思われる。

(4) これからの復興事業について

　2001年の時点で、治山えん堤、砂防えん堤、導流堤などの防災施設の整備、農地の基盤整備、安中三角地帯の嵩上げ事業、復興アリーナの建設、雲仙岳災害記念館の建設など復興の基幹事業が順調に進み、完成の目途がたっていた。一方、島原深江道路の諫早方面延伸（島原諫早道路）については未だ計画がはっきりしていなかった。さらに、災害復興で整備した復興アリーナなど施設の維持管理費の増大が懸念されており、利用率を上げることなどの課題があった。このような当時の状況のもとで「これから復興で重点を置いて取り組むべきこと」について聞いたところ、表7.5のような結果を得た。生活環境で不満、不便なことに挙げられた「交通の便」、「収入」、「仕事」、「都市下水・排水処理」などに係わる事項が上位を占めた。4、5および6番目は、地域の活性化に係わる項目で島原では火山観光化がその方法として採用

表7.5 これから復興で重点を置いて取り組むべきことは何か（全体）[36]（N=586、複数回答）

項　　目	%
島原諫早道路の早期整備	71.8
雇用対策	54.1
汚水処理施設の整備（公共下水道、合併浄化槽、農村集落排水など）	40.6
スポーツ大会・イベントの誘致（施設の利用率の向上）	40.4
商工業対策	36.0
修学旅行の誘致	32.9
ホテル・旅館などの宿泊施設の充実	21.8
漁業対策	21.7
がまだす計画による支援事業の延長	7.3
そのほか	4.3
無回答	2.6

された。また、これらの項目は雇用対策にも関連するものである。さらに「島原諫早道路」と「下水道施設」について個別に必要性を聞いたところ、島原諫早道路については「必要である」が85％を占める。また、下水道施設についても「必要である」が88％になり、その汚水処理施設を聞いたところ、「公共下水道が望ましい」が69％で最も多い。この2大事業が島原市でのハード面での残された課題といえる。

4　地域防災力に関する評価

(1) 地区の状況および災害時の状況について

　噴火当時から島原に住んでいる市民を対象に、災害時の状況について、まず「噴火継続中における規制を受けたか」について聞いたところ、図7.9の結果を得た。「警戒区域に含まれた」、「警戒区域と避難勧告地域の両方に含まれた」、「避難勧告地域に含まれた」および「規制を受けた」とする回答が計21％であった。これを地区別で見たところ、被災地区である杉谷地区と安中地区では、「規制を受けた」とする回答がそれぞれ47％と77％とほかの地区に比べて当然ながら多い。一方で、三会地区、森岳地区、霊丘地区および白山地区は地区としての規制は受けなかったが、「規制を受けた」とす

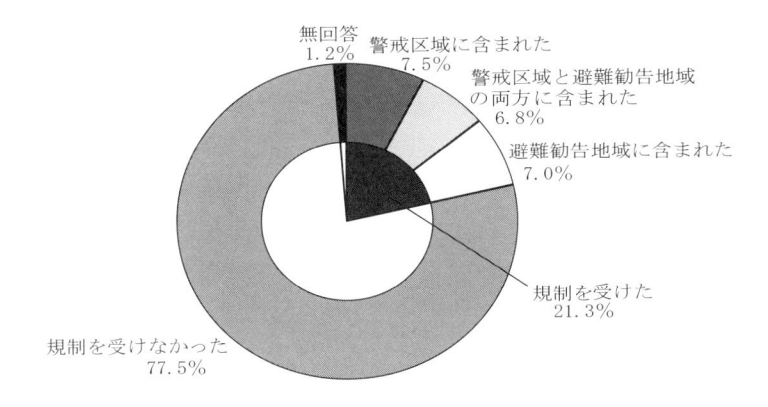

図7.9 噴火継続中に規制を受けたか（全体集計）[39]（N = 502）

- 無回答 1.2%
- 警戒区域に含まれた 7.5%
- 警戒区域と避難勧告地域の両方に含まれた 6.8%
- 避難勧告地域に含まれた 7.0%
- 規制を受けた 21.3%
- 規制を受けなかった 77.5%

る回答も含まれている。安中地区や杉谷地区から移り住んできた市民も居るため、このような結果になったと思われる。

次に、「噴火中に避難したか」について聞いたところ、やはり被災地区では「避難した」という回答が多く、杉谷地区および安中地区でそれぞれ53%、91%となっており、被災地区全体で見ると77%が避難した。また、非被災地区でも20%近くが避難していることが注目される。安中地区や杉谷地区から移り住んできた市民のほかに、これらの地区の市民も災害中に交通の途絶、子供の通学および被害拡大のおそれなどから正常な市民生活が送れない時期があったためほかの市町などに避難したためであろう。

「火山災害でどんな被害を受けたか」を地区別について見ると、安中地区と杉谷地区の被災地区では具体的な被害を受けたとする回答が上位を占めた。「家屋や田畑などに立ち入れないことによる被害を受けた」と「農作物、商品などが降灰による被害を受けた」とする警戒区域の設定による立入制限の影響と降灰が主要な被害となった。また、その地区特性によっても被害の受け方が異なる。三会地区、杉谷地区および安中地区のように農地が多い地区では、「農作物、商品などが降灰による被害を受けた」、「田畑・山林が被害を受けた」および「家屋や田畑などに立ち入れないことによる被害を受けた」のように、農業に関する被害を受けた。一方で、森岳地区、霊丘地区お

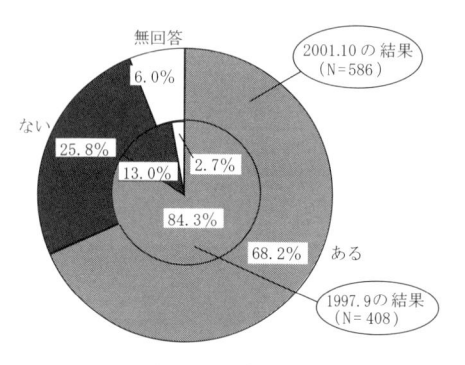

図7.10 防災マップや防災ガイドラインを見たことがあるか（全体集計）[37]

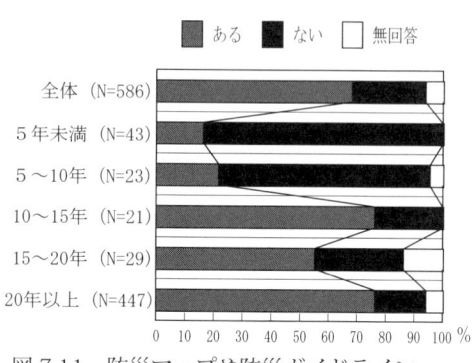

図7.11 防災マップや防災ガイドラインを見たことがあるか（居住年数集計）[37]

および白山地区のように商業施設や住宅が多い地区では、「買物客・観光客の島原離れによる売上げ減などの間接被害を受けた」といった、主として商業に関する被害が挙げられた。

(2) 災害時の避難対策について
① 避難計画の周知状況

島原市は、火山噴火が沈静化した1994年6月に土石流、火砕流、眉山の崩壊などに対する避難方法などを示した「防災マップ」および「防災ガイドライン」を全世帯に配布した。これらの「防災マップや防災ガイドラインを見たことがあるか」と聞いたところ、「見たことがある」とする回答が68％である。この結果を前回の調査結果と比較すると16％減少した（図7.10）。居住年数別で見ると、「20年以上」や「10－15年」の回答者では「見たことがある」とする回答が76％、76％と多いが、居住年数が「10年以下」の回答者は「見たことがある」とする回答が他の居住年数の半分以下である（図7.11）。「防災マップ」や「防災ガイドライン」はアンケート調査の時点から8年前に1回配布されたのみなので、1994年6月以降の転入者には配布されていない。以上からこのような結果になったと判断される。

「その防災マップを今どのようにしているか」を聞いたところ、「どこにあるかわからない」とする回答が39％あり、「見たことがない」を加えると半

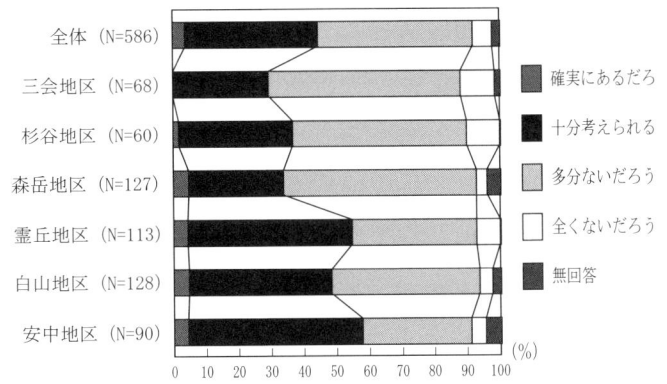

図 7.12　今後、土石流や眉山の崩壊に備えて避難することがあると思うか（地区別）[37]

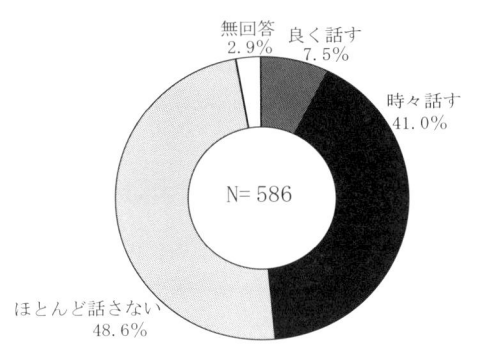

図 7.13　家庭内で火山災害について話し合うことがあるか（全体）[37]

数以上が「見たことがない」か「最近見ていない」ということになる。

② 避難や防災意識について

「今後、土石流や眉山の崩壊に備えて避難することがあると思うか」と聞いたところ、図7.12のように依然として「確実にあるだろう」と「十分考えられる」が45％を占めた。この結果は前回の調査と同程度であり、島原市民はこれからも災害で避難する可能性が大きいと考えている。地区別で見ると、土石流の発生や溶岩ドームの崩壊が心配される安中地区で58％、眉山の崩壊で被害が予想される霊丘地区で55％および白山地区で49％が「ある」と回答したが、そのほかの地区は30％程度である。

「家庭内で火山災害について話し合うことがあるか」という問に対して、「良

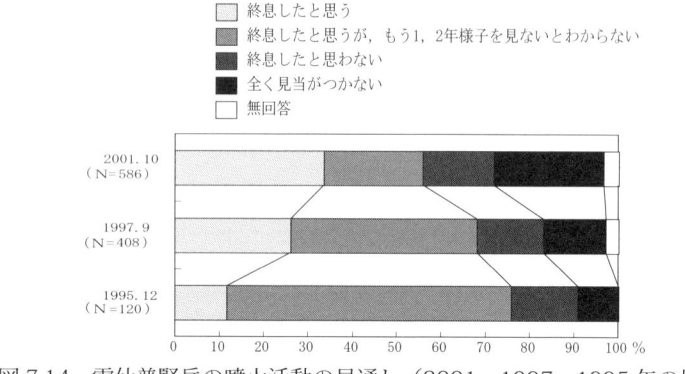

図7.14 雲仙普賢岳の噴火活動の見通し（2001、1997、1995年の比較）

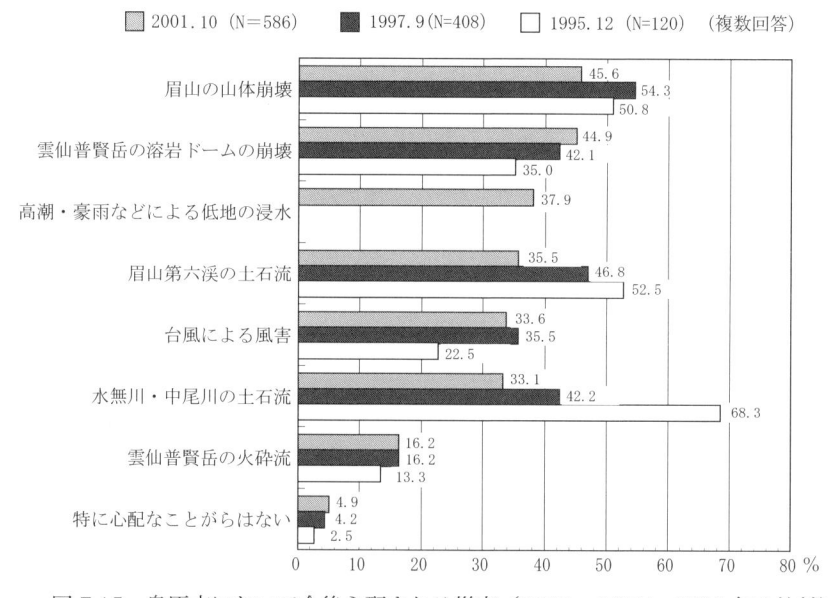

図7.15 島原市において今後心配される災害（2001、1997、1995年の比較）

く話す」とする回答が8％ときわめて少なく、「ほとんど話さない」とする回答が49％と最も多い（図7.13）。これを地区別で調べたところ、被災地区および非被災地区の区別なくどの地区においても「ほとんど話さない」とする回答が50％程度を占めていることが確認された。このことからも島原地域全体で火山災害が日常の生活に無関係になったといえる。

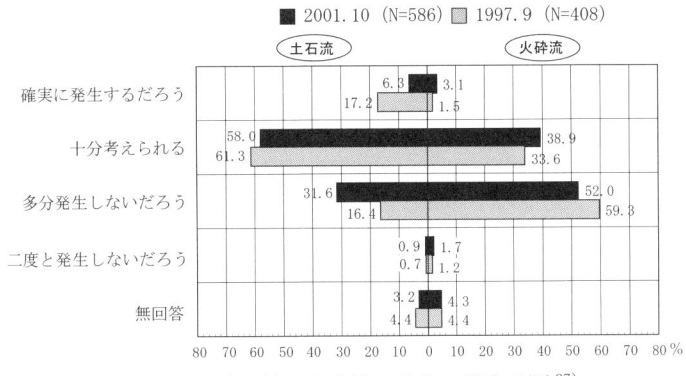

第7章　災害を経験した市民の復興および防災意識　149

図7.16　土石流と火砕流の今後の発生予測[37]

(3) 防災都市づくりについて
① 今後心配される災害について

「雲仙普賢岳の噴火活動の見通し」について聞いたところ、「終息したと思う」とする見方が多い（図7.14）。以前の調査と比較してみても、「終息したと思う」とする回答が増加していた。また、「全く見当がつかない」とする回答も調査を実施するたびに多くなった。年月が経つにつれて雲仙普賢岳の火山活動についての情報が少なくなった影響と考えられる。

「島原市において今後心配される災害」を挙げてもらったところ、図7.15のようになった。「特に心配なことがらはない」とする回答は5％ときわめて少なく、市民のほとんどがいずれかの災害への不安を抱えている。心配される災害としては「眉山の山体崩壊」、「雲仙普賢岳の溶岩ドームの崩壊」、「高潮・豪雨などによる低地の浸水」、「眉山第六渓の土石流」などが「水無川・中尾川の土石流」よりも上位にきた。今回の結果と以前の調査を比較すると、「水無川・中尾川の土石流」が減少する一方、「雲仙普賢岳の溶岩ドームの崩壊」が増加した。

「土石流と火砕流が今後も発生すると思うか」という問に対する回答を図7.16に示す。土石流については「確実に発生するだろう」と「十分考えられる」の計が61％と依然として多い。土石流については雲仙普賢岳の山腹に不安

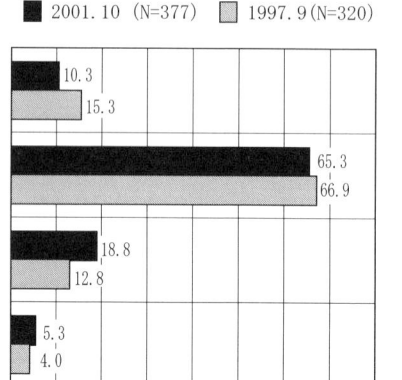

■ 2001.10（N=377）　□ 1997.9（N=320）

- 現在の導流堤、遊砂地、砂防ダムおよび水無川などの防災施設を超えるような土石流となるだろう　10.3 / 15.3
- 導流堤、遊砂地、砂防ダムおよび水無川などの防災施設におさまる土石流となるだろう　65.3 / 66.9
- 上流域の遊砂地などに捕捉される程度の土石流となるだろう　18.8 / 12.8
- その他、無回答　5.3 / 4.0

図7.17　土石流が発生した場合の規模の予測 [37]

定な土砂が堆積しており、土石流の発生が想定されているため、妥当な数字と判断される。火砕流については「確実に発生するだろう」と「十分考えられる」の計が42％で土石流と比べると20％程度少ない。火砕流は、地震による溶岩ドームの崩落や崩壊時にその発生が懸念されている。このことを考慮すると、市民は1792年寛政の噴火後に発生した眉山の崩壊のような地震による溶岩ドームの崩壊を心配していることを反映している（図7.15）。前回の調査と比較すると、土石流については「確実に発生するだろう」とする回答が11％減少し、「多分発生しないだろう」とする回答が15％増加したが、火砕流についてはさほど変化は見られない。

「土石流が発生した場合の規模の予測」については、「導流堤、遊砂地、砂防えん堤、水無川・中尾川の堤内地などの、現状の防災施設に納まるだろう」とする見方が84％となった。「現状の防災施設を越えるような規模となるだろう」とする見方は10％と少数であり、この数値は前回の結果と同程度である（図7.17）。その理由を聞いたところ、「防災施設の整備によって安全が確保されたから」とする見方が多い。

② 砂防えん堤群の建設について

「砂防えん堤群を今後どのように建設すべきか」と聞いたところ、砂防計

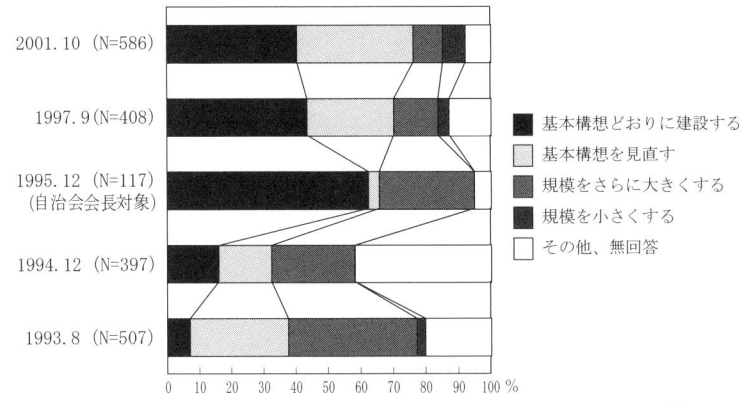

図7.18 砂防えん堤群を今後どのように建設すべきか（全体）[37]

画の「基本構想どおりに建設する」とする回答が、前回の調査に比べてわずかに減少したが、41％で依然として1位を占めた。この時点でも、「規模を小さくする」は7％と少ない（図7.18）。中尾川方面に土石流被害が拡大した1993年8月、噴火継続中の1994年12月および噴火終息直後の1995年12月の各調査結果も付記した。1993年の被害拡大時に目立った「規模をさらに大きくする」は減少しているが、「規模を小さくする」が増えていないことが指摘できる。

地区別で見ても「基本構想どおりに建設する」とする回答が各地区とも40％程度であり、1997年の調査と比べても大きな変化が見られない。一方で、「噴火が終息したので、測量や地質調査を行って基本構想を見直す」とする回答が増えた。この調査の実施時期に雲仙復興事務所は雲仙普賢岳火山砂防計画検討委員会を設置して、火山砂防計画を見直し中であったことを反映したといえる。土石流発生の現状を踏まえて国土交通省は、2001年度末に火山砂防計画を見直し、砂防えん堤群の数を削減した。

③ **自主防災組織について**

島原市は1992年に全町内会に自主防災組織を結成（結成率100％）して、地域住民とともに火山災害に取り組んできた。噴火継続中は降灰の除去や避難対策などの防災活動が町内会活動の主要部分を占めたため、町内会活動は

表7.6 自主防災組織の主な活動内容[37]

項　目	2001.10 (N=300) (%)	2000.10 (N=180) (%)
自主防災組織の役員会の開催および役割分担	31.3	15.6
緊急避難場所の指定、周知	28.7	21.1
市役所、消防署などが主催する防災講演会、研修会への参加	25.0	29.4
自主防災組織の自主的な活動としての消火訓練や避難誘導訓練などの防災訓練の実施	24.3	6.9
組織に必要な防災資材の備蓄および維持管理	23.3	27.2
河川や側溝の清掃	20.7	26.7
地区内の危険箇所の点検	19.7	13.3
関係消防団などとの話し合い	12.7	6.9
大雨時の川の水位の監視	12.3	16.1
高齢者などの災害弱者名簿の作成	10.3	12.8
自主防災組織として特に活動していない	23.0	51.2

そのまま自主防災活動となった。噴火終息後は、実質的な活動が少なくなっていたが、2000年度に島原市は著者の協力を得て自主防災組織の実態調査を行い、休眠状態にあることを把握し、2001年度から避難訓練の実施や研修会の開催、パンフレットの配布など、自主防災組織の活動を活発化させる活動を行ってきた。しかし、「自主防災組織の結成の周知状況」について、「知っている」が半数で、前回の調査と同程度で、島原市が様々な活動を行ってきたにもかかわらず、周知状況に変化がない。

「現在の自主防災組織の活動内容」を聞いたところ、表7.6のように、自主防災組織として本来持つべき機能すなわち、「自主防災組織の役員会の開催および役割分担」や「組織に必要な防災資材の備蓄および維持管理」をしているとする回答はそれぞれ31％と23％である。このことから、自主防災組織として組織が整備されている割合は30％程度であると推測される。今回のアンケート調査では、「自主防災組織の役員会の開催および役割分担」、「自主防災組織の自主的な活動としての消火訓練や避難誘導訓練などの防災訓練の実施」および「関係消防団などとの話し合い」が2000年に島原市が

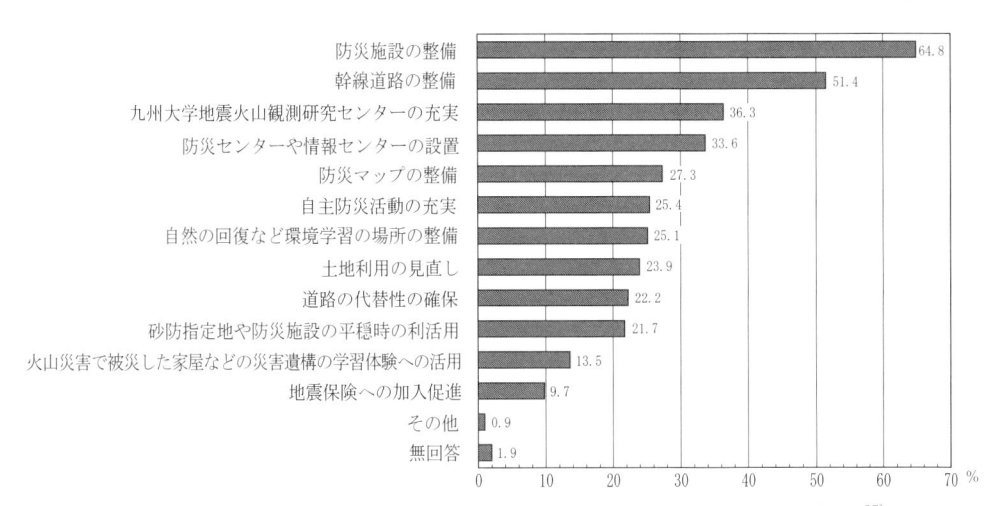

図 7.19 島原地域で火山と付き合っていくために重要と思われることは何か[37]
（N=586、複数回答）（%）

項目	%
防災施設の整備	64.8
幹線道路の整備	51.4
九州大学地震火山観測研究センターの充実	36.3
防災センターや情報センターの設置	33.6
防災マップの整備	27.3
自主防災活動の充実	25.4
自然の回復など環境学習の場所の整備	25.1
土地利用の見直し	23.9
道路の代替性の確保	22.2
砂防指定地や防災施設の平穏時の利活用	21.7
火山災害で被災した家屋などの災害遺構の学習体験への活用	13.5
地震保険への加入促進	9.7
その他	0.9
無回答	1.9

行った調査に比べて大きく増加している。さらに、「自主防災組織として特に活動していない」が半減した。これは、2001年度に行われた島原市による自主防災活動の再呼掛けや避難訓練の実施の効果が表れていると評価される。行政から組織的な情報提供や避難訓練などの呼掛けが重要なことを示している。

④ 火山と付き合っていくために重要なこと

火山災害を体験した市民に、「島原地域で火山と付き合っていくために重要と思われること」について聞いたところ、図7.19のような結果を得た。「防災施設の整備」および「幹線道路の整備」の二つの主要ハード事業が50%を超えた。次いで、情報発信機関であった「九州大学地震火山観測研究センター」と「防災センターなど」の充実・設置が30%台を占めた。一方で、地域内の防災活動に関する「防災マップの整備」や「自主防災活動の充実」は20%台と少ない。砂防施設や災害に強い道路がほぼ整備された現在においてもハード事業が主体であると受け取られて、ソフト面事業の割合が小さいことが指摘できる。

今回の雲仙普賢岳の火山災害のような火砕流や土石流が頻発する大災害に

は、警戒避難が中心とならざるを得ないが、日頃の備えが有効な規模の災害の方が発生する確率が高いことを忘れてはならない。このような場合に備えた活動を継続することが重要であるが、見直しなどは行われていない。

5 まとめ

　本アンケート調査から得られたことを以下にまとめる。
・現在の生活で不便や不満に思っていることとして交通の便、収入、仕事および都市下水・排水処理が上位を占めた。過去2回のアンケート調査においても同様の項目が上位を占め、特に仕事とする回答が大きく増えており、噴火中に比べて雇用状況が厳しくなっていることを示している。
・島原市のシンボルとして島原城とする回答が減少し、湧水とする回答が増えた。しかし、雲仙普賢岳とする回答はほとんど変化がなく、「火山」をイメージする状況にはなっていない。
・島原市の都市のイメージとしては、噴火以前の観光保養都市が最も多く、火山災害後の火山を活かした国民公園都市は逆に減少しており、市民に定着するには至っていない。
・噴火後の復興事業で、防災施設、道路、体育館および公営住宅の整備は進んだが、企業の誘致、下水道の整備および中心市街地の再開発は停滞したと見なされている。前回の結果と比較してもさほど変化はなく、停滞したとする項目については整備が進んでいないと見なされている。
・火山観光化の推進については、市民の合意が得られているが、火山災害の恵みである平成新山や火山災害遺構の保存によって島原の魅力が増えたとする回答は40%程度に留まった。
・これから復興事業で重点を置いて取り組むべき重要項目には、島原諫早道路の早期整備、雇用対策および汚水処理施設の整備といった生活の不満や不便さを解消する項目が多い。
・防災マップや防災ガイドラインを見たことがあるとする回答が、1997年のアンケート調査に比べて大きく減少している。また、島原市で今後心配さ

れる災害として眉山の山体崩壊を挙げる割合が多いが、眉山の崩壊に対する避難対象地域が忘れられている。住民の入れ替わりなどがその原因と考えられ、再度防災マップや防災ガイドラインの配布が望まれる。

・火山災害について、家庭内で話し合うことがほとんどないとする回答が多く、市民の中で火山災害の体験が風化している。

・今後心配される災害について噴火終息直後のアンケート調査結果と比較すると、水無川・中尾川の土石流が大きく減少し、雲仙普賢岳の溶岩ドームの崩壊が増加しており、島原市民の災害に対する心配は、土石流から地震による雲仙普賢岳の溶岩ドームと眉山の崩壊に移っている。

・島原市によって、避難訓練の実施や研修会の開催およびパンフレット配布などの自主防災組織の活動を活発化させる活動が行われたにもかかわらず、自主防災組織の具体的な活動は未だ市民に浸透するに至っていない。今後とも行政による継続的な自立支援が望まれる。

・島原地域で火山と付き合っていくために重要なことを確かめたところ、ハード事業がほぼ終了した時点でもハードの整備が重要視され、ソフト事業は軽視されている。自主防災活動や火山災害伝承などの取組みの重要性を市民に訴えていくことが必要である。

第 8 章　火山災害と復興を
世界に、次世代に

1　まえがき

　火山災害の復興がほぼ終了した島原地域で、火山災害や復興の取組みを世界に、次世代に継承するために、さまざまな活動がなされている。このうちに、これまでに触れなかった第5回火山都市国際会議とジオパークへの取組みを紹介する。

2　第5回火山都市国際会議の島原開催

(1) 開催のきっかけ[1]

　2007年11月19－23日に、第5回火山都市国際会議が島原市で開催された。この火山都市国際会議は、火山学の国際学術組織である国際火山学地球内部化学協会（IAVCEI）の活動としてほぼ2年ごとに開催される国際会議である。島原大会は、第1回ローマ大会（イタリア）、第2回オークランド大会（ニュージーランド）、第3回ハワイ・ヒロ大会（アメリカ）、第4回キト大会（エクアドル）に次いで5回目、アジアでは初めての開催だった。もちろん、国際会議が島原市で行われるのも初めてだった。この火山都市国際会議の開催の始まりは、1988年に鹿児島県が主催した国際会議といわれている。

　この会議は、火山学の研究者、火山防災関係者および火山災害の被害を直接受ける市民が一体となって、火山災害を軽減するための情報交換や意見交換を行う場である。しかし、このような大規模な国際会議は、大都市で開催されるのが通例である。なぜ、島原市で開催することになったのだろうか。きっかけは、雲仙普賢岳で行われた火道掘削プロジェクトにあったと島原市

役所杉本伸一氏は述べている[1)]。

　雲仙火山北側斜面の標高850mの地点から掘り始めた火道の掘削は、幾多の困難を克服し、2004年7月に平成火道に達してサンプルを採取した。この火道掘削プロジェクトの成果報告会において、研究者から島原市長に対して火山都市国際会議の話が持ちかけられたという。

　島原市は、災害の中で培った経験や教訓を世界に、そして次世代に発信・還元する好機ととらえ、開催地として立候補した。ひいてはそれが、災害発生時からこれまでに全国から寄せられた厚意に報いるとともに、元気になった島原市を見てもらう絶好の機会にもなると考えたからである。

　島原市では、噴火の5年間と復興までの間に、行政、市民団体、住民などが多くのノウハウを手に入れた。このノウハウを誰かに伝えたいとの思いが強い。助けてもらったから今度はお礼をする番だということである。その気持ちがこの国際会議の誘致につながった。火道掘削プロジェクトが思わぬ嬉しい成果を生んだともいえる。

　島原大会では「火山と共生する都市（まち）づくり」をキャッチフレーズに掲げ、島原での災害と、それに立ち向かい復興に取り組んだ様子や教訓を世界に情報発信しようと考え、開催の2年前から準備が入念に進められた。

(2) 第5回火山都市国際会議の内容 [38)]

　第5回火山都市国際会議は、「火山と共生する都市（まち）づくり」をテーマに、世界31の国と地域から約2,700人が参加して、2007年11月19－23日に島原市復興アリーナをメイン会場に開催された。

　島原大会では、通常の学術セッションで、「火山を知る」、「火山と都市」および「火山と共に生きる」の三つのシンポジウムが開催され、約550件の学術発表がなされた。学術プログラムに並行して、住民、行政、科学者、報道関係者などによるフォーラムが開催され、それぞれの分野や立場における防災・減災の取組みについて、活発な意見交換がなされるとともに、こども火山発表会や火山実験、火山学Q&Aなどの子どもたちを対象としたプログラムも実施された。また、これに関して、野外視察（巡検）や防災訓練、

写真 8.1 火山都市国際会議での住民との意見交換会
2007 年 11 月 22 日　島原市提供

災害ボランティア国際ワークショップなども行われた。このほかにも、雲仙普賢岳噴火時に危機管理や防災対応に当たった地元機関・団体の発表や高校生の研究フォーラム・ポスター発表、市民による各種おもてなし行事などもあり、大成功のうちに終了した（写真 8.1）。このように、島原大会は住民参加型の大会として、これまでの火山都市国際会議の中でも特色ある大会となり、学術面での成果のみならず、災害の伝承や国際交流の推進の面でも大きな成果を挙げることができた。

　この国際会議の成果は、閉会式で配布された「平成新山アピール」として集約されている。

・最新の火山学研究の成果について幅広い意見交換がなされ、総合的なリアルタイム観測による火山現象の理解が必要であること、また、噴火の発生や火山災害に関して、確率的手法を含む定量的な評価が不可欠であり、そのためには国際火山観測所機構のデータベースの構築などが必要であることが確認されました。

・科学者側と防災関係機関からの噴火とそれに関する総合的な情報を危機管

表8.1 国際会議にどのような形で参加したいか（N = 54、複数回答）

項　　目	%
火山都市国際会議の市民開放行事に参加	59.3
観光案内など	18.5
大会運営の補助	16.7
ホームステイの受け入れ	9.3
生け花，茶話会などの会の開催	7.4
その他	5.6

理に反映することと、ハザードマップを利用し、将来の災害を考慮した土地利用計画の作成が重要です。また、災害復旧について構造物だけでなくコミュニティの復旧が不可欠であることが指摘されました。
・科学者、行政、住民、マスメディアがお互いに信頼関係を築きながら災害時だけでなく災害前から備えることの重要性が指摘されました。また、教育やアウトリーチ活動はその手法が発展してきており、コミュニティに火山についての自覚を促す有効な手段であることが認識されました。
・今回の国際会議は、研究者や行政・防災関係者に加え、住民も一体となった「住民参加型の国際会議」という新しい形の国際会議を生み出しました。
　雲仙普賢岳の火山災害の災害対応や復興を通じて、地域一体となった取組みが認知されたといえる。

(3) 第5回火山都市国際会議の開催に対する市民の反応

　火山災害と復興を経験した安中地区の住民を対象に、開催の1年前に第5回火山都市国際会議に対する取組み、これからの課題などに関するアンケート調査を実施した。
　「島原復興アンケート」と題するアンケート調査表を安中地区の有権者の5％に当たる300人に郵送で配布・回収した。アンケートの回答者は島原市の選挙人名簿から抽出した。アンケート調査は2006年12月末に配布し、回収数は86（回収率29％）であった。
　第5回火山都市国際会議について開催を知っているかどうかを聞いたところ、「はい」は80％ときわめて高い割合を占めた。この国際会議に「参加し

表 8.2　外国のお客さんに何を見てもらいたいか（N=73、複数回答）

項　目	%
地域と行政が一体となった復興への取組み	47.9
砂防えん堤や導流堤などの防災施設群	37.0
土石流や火砕流の遺構の保存	35.6
火山災害や防災の学習体験施設	27.4
緑の回復	19.2
他の火山や地震被災地との交流	13.7
火山や溶岩ドームの監視	13.7
自主防災活動	2.7
その他	2.7

たいかどうか」を聞いたところ、参加はかなり見込める回答となった。具体的な参加形態の希望は、「国際会議の市民参加行事」が多い（表 8.1）。「外国からのお客さんに何を見てもらいたいか」を聞いたところ、表 8.2 のように「地域と行政が一体となった復興への取組み」、「砂防えん堤や導流堤などの防災施設群」および「土石流や火砕流の遺構の保存」が多い。

3　第三者から見た島原の復興評価

　第 5 回火山都市国際会議とその直前に開催された日本災害情報学会第 9 回研究発表大会に参加した国内外の研究者、行政関係者、防災の専門家、マスメディア関係者を対象に、雲仙普賢岳災害の復興評価に関するアンケート調査をした。

(1) 調査方法

　第 5 回火山都市国際会議の開催中の 2007 年 11 月 22、23 日に国際会議に参加中の日本人を対象に「雲仙普賢岳災害の復興に関する調査票」を、外国人を対象に「Survey Form: Status of Recovery at Mt. Unzen-Fugen following the Eruption」を会場で配布・回収した。さらに、2007 年 12 月上旬に同国際会議島原大会と日本災害情報学会第 9 回研究発表大会の発表者

第8章　火山災害と復興を世界に、次世代に　　　161

```
論文を発表するため           67.5
研究発表を聞くため           72.7
雲仙火山災害の被災地
の復興をみるため             31.2
火山災害から立ち上がる市民
や地域の取組みを知るため      35.1
日本の火山対策を知るため      45.5
その他                      13.0
```

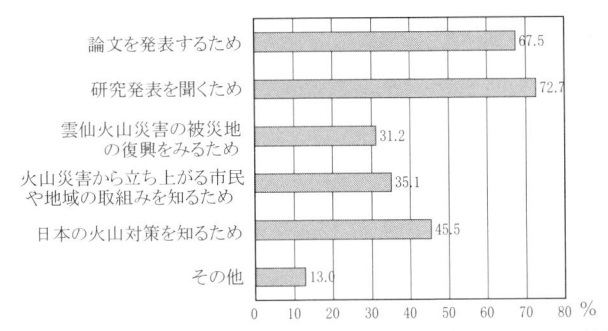

図 8.1　第 5 回火山都市国際会議島原大会の参加動機（N = 77、複数回答）

にメールで調査表を送信した。回収数は日本人 106 部、外国人 77 部である。

　回答者の属性を見ると、日本人は大学関係、研究機関、公務員、会社員、学生がほぼ同程度である。24 都道府県からの回答があり、長崎県 20 人（19％）、東京都 18 人（17％）、茨城県 13 人（12％）からの回答者が全体の半数を占める。

　外国人は大学関係 33 人（43％）、研究機関、政府、自治体および学生が各 15 人（19％）である。国籍は、アメリカ 19 人（25％）、イギリス 9 人（12％）、イタリア 8 人（10％）、ニュージーランド 7 人（9％）が主である。

　主なアンケート内容は、同国際会議の参加動機と目的達成度、雲仙普賢岳災害の周知度、復興事業に対する評価、土地利用、火山災害の学習体験施設および災害伝承である。

（2）調査結果
第 5 回火山都市国際会議への参加動機と目的達成度
　「第 5 回火山都市国際会議に参加した動機」を外国人に複数回答で聞いたところ、「論文を発表するため」、「発表を聞くため」がそれぞれ 70％近くを占め、「雲仙火山災害の被災地の復興をみるため」、「火山災害から立ち上がる市民や地域の取組みを知るため」は 35％程度である（図 8.1）。

　「参加した目的は達成できましたか」と外国人に聞いたところ、図 8.2 のように、「十分達成できた」は 72％、「達成できた」は 28％で、「達成でき

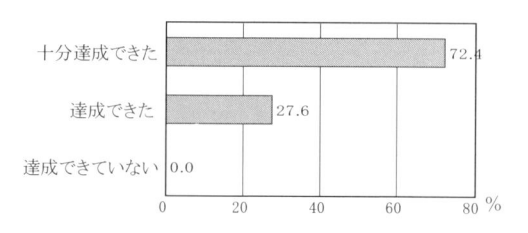

図 8.2　第 5 回火山都市国際会議島原大会参加の目的達成度（外国人、N = 77）

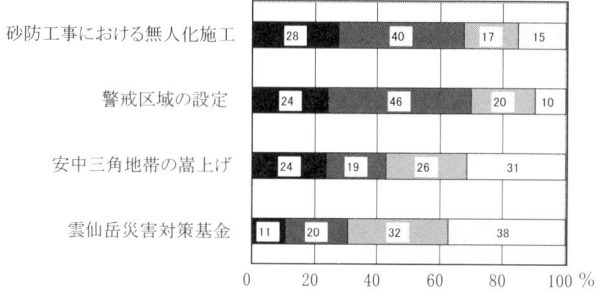

図 8.3　雲仙普賢岳災害の周知度（日本人、N = 106）

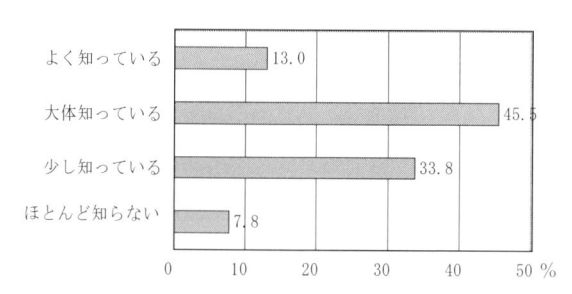

図 8.4　雲仙普賢岳災害の周知度（外国人、N = 77）

ていない」は 1 人もいない。

雲仙普賢岳の火山災害の周知度

「雲仙普賢岳の火山災害の特徴的な 4 項目についてどれくらい知っているか」を日本人に聞いたところ、図 8.3 のように「砂防工事における無人化施工」と「警戒区域の設定」は「良く知っている」と「大体知っている」で 70％近くを占めているが、「雲仙岳災害対策基金」と「安中三角地帯の嵩上げ」

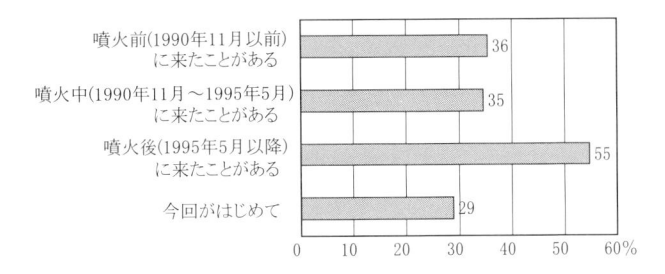

図 8.5　島原への来訪歴（日本人、N = 106）

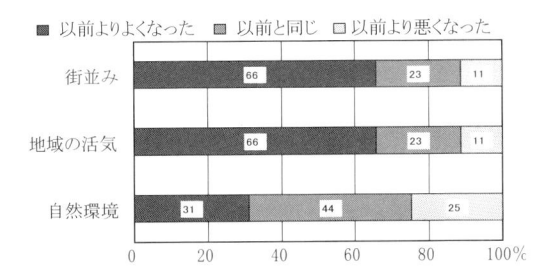

図 8.6　災害前の島原と災害後の島原を比べて（日本人、N = 37）

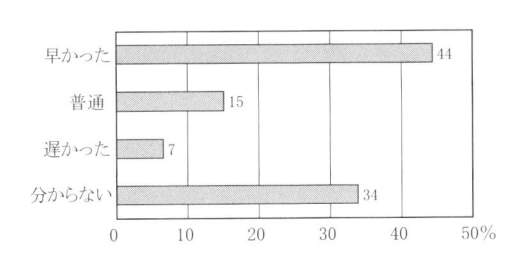

図 8.7　復興の早さ（日本人、N = 106）

は「少し知っている」と「ほとんど知らない」が合せて半数を超える。

「雲仙普賢岳災害のことをどのくらい知っているか」を外国人に聞いたところ、図 8.4 のように「良く知っている」が 13％、「大体知っている」が 46％、「少し知っている」が 34％、「ほとんど知らない」が 8％である。

復興事業に対する評価

日本人に「島原への来訪歴」を聞いたところ、図 8.5 のように「噴火前（1990年 11 月以前）に来たことがある」は 36％である。該当者に「災害前と災

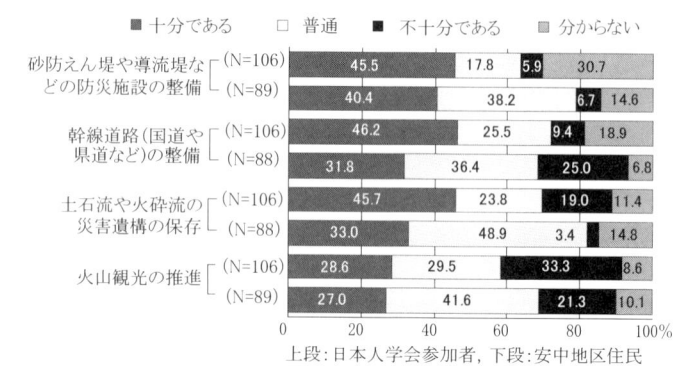

図8.8 復興の基幹事業に対する評価

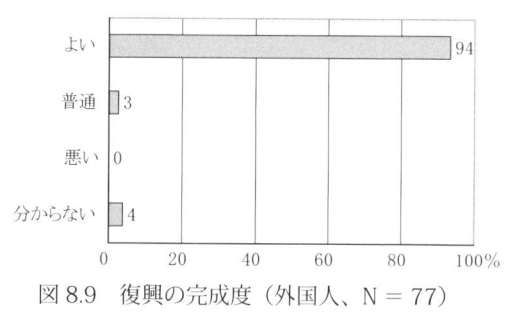

図8.9 復興の完成度（外国人、N = 77）

害復興後の島原を比べるとどうか」を聞いたところ、図8.6のように「街並み」と「地域の活気」については「以前より良くなった」は66％を占めた。一方で「自然環境」については、「以前と同じ」が44％を占め、25％は「以前より悪くなった」と回答した。

「復興の早さ」について日本人に聞いたところ、図8.7のように半数近くが「早かった」と回答した。島原市安中地区住民に対する島原復興アンケート調査でも同じ結果が得られた。

復興の基幹事業の各項目の評価をみると、図8.8のように「砂防えん堤や導流堤などの防災施設の整備」、「幹線道路の整備」および「土石流や火砕流の災害遺構の保存」は「十分である」が目立つ。一方で「火山観光の推進」は「不十分である」がやや目立つ。安中地区住民を対象に行われたアンケートでは、「幹線道路の整備」で「不十分である」が目立つ。島原市民は諫早－島原間の地域高規格道路の建設を期待しているためこの差となった。

外国人に「復興の完成度」を聞いたところ、図8.9のように「良い」は94％、「普通」は3％、「悪い」は0％、「分からない」は4％である。復興

の仕上がりは高く評価された。

復興事業によって、砂防えん堤、導流堤、水無川の堤防の嵩上げ、高架の島原深江道路などの巨大構造物が建設されている。「これらの構造物が景観に配慮されているか」を日本人に聞いたところ、図8.10のように「思う」が50%を占めた。

図8.10 景観に配慮されていると思うか（日本人、N = 106）

土地利用について

雲仙普賢岳災害における安中三角地帯の嵩上

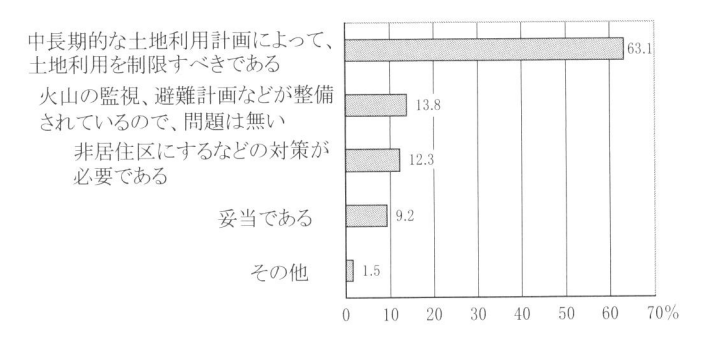

図8.11 島原の火山周辺の土地利用について（外国人、N = 77）

- 中長期的な土地利用計画によって、土地利用を制限すべきである 63.1
- 火山の監視、避難計画などが整備されているので、問題は無い 13.8
- 非居住区にするなどの対策が必要である 12.3
- 妥当である 9.2
- その他 1.5

げ事業は、土地の狭い日本ならではの土地利用である。「安中三角地帯の嵩上げのことを知っているか」を外国人に聞いたところ、「ほとんど知らない」が70%近くを占めた。現地の巡検実施後のアンケートであるにもかかわらず、雲仙普賢岳の火山災害の復興のシンボルである安中三角地帯の嵩上げは知られていない。

「島原の火山周辺の土地利用についてどう考えるか」を外国人に聞いたところ、図8.11のように、「妥当である」は少なく、「中長期的な土地利用計画によって、土地利用を制限すべきである」が63%を占めた。

火山災害の学習体験施設について

長崎県は地域の活性化を目指した火山観光化に向けた施設整備とネット

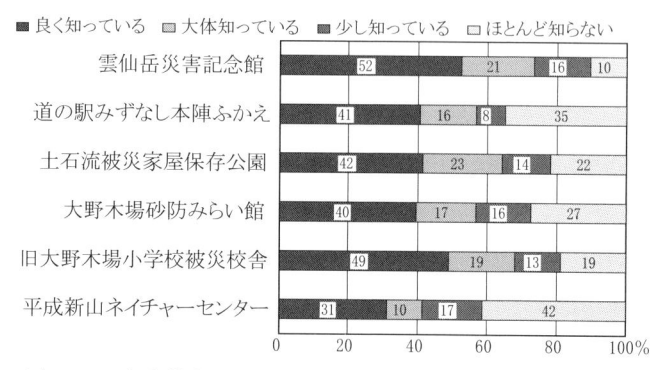

図 8.12 火山災害学習体験施設の周知度（日本人、N = 106）

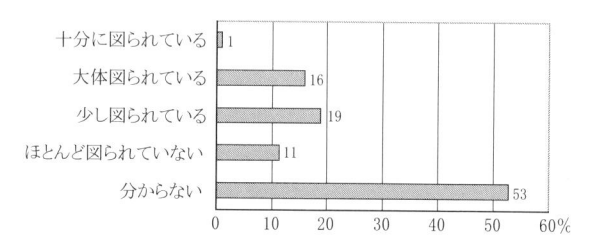

図 8.13 火山災害学習体験施設間のネットワーク（日本人、N = 106）

ワークの形成を実施した。

「それぞれの施設をどれくらい知っているか」を日本人に聞いたところ、図 8.12 のように平成新山ネイチャーセンターを除くと「良く知っている」、「大体知っている」が半数以上を占めた。しかし、全体の回答者 106 人から九州内の回答者 32 人を除くと、平成新山ネイチャーセンター、道の駅みずなし本陣ふかえおよび大野木場砂防みらい館は「ほとんど知らない」が最も多い。第 5 回火山都市国際会議および日本災害情報学会第 9 回研究発表大会の巡検や発表による情報発信をしている割には「知らない」が多い。「学習体験施設間のネットワーク（連携）は図られているか」を聞いたところ、図 8.13 のように「わからない」が半数以上を占めた。「十分に図られている」は 1 ％、「大体図られている」は 16 ％である。情報発信やネットワークは不十分であると受け取られている。

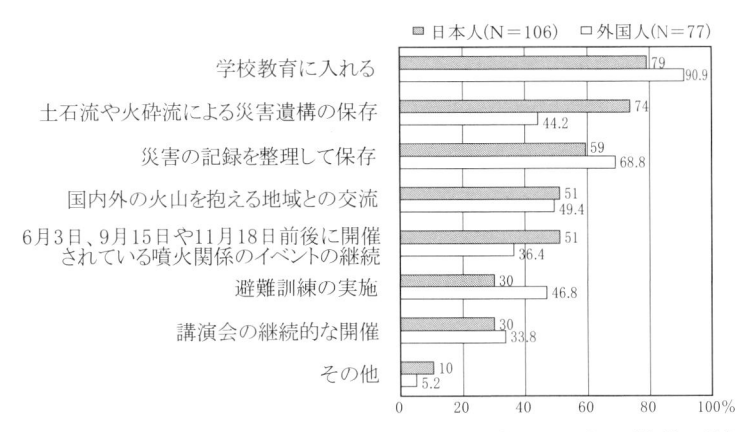

図8.14 火山災害を後世に伝えていくために必要なことがら（複数回答）

表8.3 火山災害の教訓を後世に伝えていくためには
（N = 83、複数回答）（島原市安中地区住民対象）

項　　目	%
災害の記録を整理して保存する	53.0
学校教育に入れる	38.6
土石流や火砕流の遺構を保存する	36.1
6月3日，9月15日や11月18日前後に開催されている噴火関係のイベントの継続	26.5
避難訓練の実施	25.3
国内外の火山を抱える地域との交流	9.6
講演会の継続的な開催	7.2
その他	0.0

災害伝承について

　雲仙は火山噴火の周期が長く、世代を超えた伝承が必要である。「火山災害の教訓を後世に伝えていくためにはどうしたらよいか」を日本人と外国人に複数回答で聞いたところ、図8.14のように「学校教育に入れる」、「土石流や火砕流による災害遺構の保存」および「災害の記録を整理して保存」が共通して多い。第5回火山都市国際会議の開催1年前に実施した安中地区住民へのアンケートでは、「国内外の火山を抱える地域との交流」は10%と少なかった（表8.3）。火山都市国際会議島原大会を開催した後は、この数値

は増えたものと推定される。

4 ジオパークへの登録

2008年10月20日、日本のジオパーク審査機関である日本ジオパーク委員会が開かれ、島原半島が日本ジオパークの国内第1号に認定された。これにより、島原半島ジオパークとして、世界ジオパークの認定を申請することになった。

ジオパークには国内認定の日本ジオパークと世界規模で認定される世界ジオパークの2段階がある。今年、日本ジオパーク委員会から世界ジオパーク委員会（GGN）へ認定申請したのは、7月に申請書を提出した5地域のうち、今回の国内第1号認定を受けたのは島原半島（長崎）、洞爺湖（北海道）および糸魚川（新潟）の3地域である。

島原半島ジオパークは、「火山と人間」をテーマに、島原半島の成立ち（雲仙火山、口之津断層群など）、人々と火山の噴火（平成噴火、島原大変）、災害の予防（砂防）、自然の恵み（温泉、湧水、農作物など）および歴史・民話（避暑地、島原城、キリシタンなど）の5テーマから構成される。また、23のジオサイトが挙げられている。サイトとは平成新山や千々石断層、温泉など地球の活動によって形成された、地学的に高い価値がある場所のことである。湧水や火山性の植物など広範囲に及ぶものも含まれる。

現在、世界申請に向けた英文申請書の提出が終わり、GGNの現地視察などが実施されることになり、いよいよ世界への挑戦が始まる。島原半島ジオパークの強みは、昨年開催された第5回火山都市国際会議を成功に導いた、地元のボランティア、民間各種団体、島原半島三市・県・国の行政機関、九州大学をはじめとする各種研究機関などの連携である。しかし、火山や地質の学芸員がいないことから、学芸員の雇用や島原半島ジオパークガイド養成講座によるボランティアの養成がなされている。

世界遺産の地質版と言われるジオパークは、世界遺産が保護を強調しているのに対し、保護だけでなく観光などを通して地域の発展を育成すると明言

されている。このため、ジオパークが島原半島の観光振興につながるとの期待は大きい。災害で新しく生まれた景観、災害遺構、火山災害の学習体験施設を活用する場、災害体験を継承する場としての役割もある。災害時に培われた人々の連携が活かされ、継続されることを期待する。さらに、ジオパーク推進の中核となる人材が育つこと、学校教育との連携が生まれることをも願っている。

5 まとめ

本章で得られた結果は次のようにまとめられる。
・第5回火山都市国際会議の島原開催は良く知られており、参加希望も多かった。市民が参加しやすい企画の立案や参加の呼掛けをすることが望まれたが、2007年の国際会議では期待どおりの活動や参加が見られ、市民参加型の国際会議として高く評価された。また、見てもらいたいもののトップに、地域と行政が一体となった復興への取組みが挙げられており、開催の意図が市民に伝わっている。
・学会参加者の日本人や外国人の雲仙普賢岳災害の復興事業に対する評価は高い。
・学会参加者の日本人は復興の基幹事業に関して、安中地区住民より「十分である」とする回答が多い。一方で「火山観光の推進」についてはどちらも「不十分である」が目立つ。
・安中地域の土地利用について外国人は、「中長期的な土地利用計画によって、土地利用を制限すべきである」と考えている。
・火山災害学習体験施設は、九州在住の回答者には知られていたが、それ以外にはあまり知られていなかった。施設間のネットワークについては、安中地区住民も学会参加者も「図られていない」が多い。情報提供とネットワークに課題が残ることがわかる。
・火山災害を後世に伝えていくためには、「学校教育に入れる」、「土石流や火砕流による災害遺構の保存」および「災害の記録を整理して保存」が重要

視されている。

　第5回火山都市国際会議によって、地域と一体となって復興した島原市の取組みを国内外に発信できたと評価できる。また、火山、災害復興、災害遺構について十分な知識をもつ市民が多く育った。研究者も市民と一体となった火山とのつきあいに自信を深めた。これらの成果を風化させずに定着させるために、島原半島ではジオパークの申請に取り組んでいる。島原には地質関係資料、火山災害学習体験施設や人材がそろっており、災害教訓の伝承や地域の活性化のためにも、タイムリーな取組みであるといえる。

第9章　雲仙普賢岳の火山災害に学ぶ

　雲仙普賢岳の火山災害の社会的対応と教訓をまとめると以下のようになる。

1　被災者対策 [1]

　長期化する避難生活の対応策としての客船やホテル・旅館の借上げ利用、応急仮設住宅への入居基準の緩和や生活者の要望に応じた集会所の設置など、柔軟な対応が随所に見られた。このような柔軟性は、国・県・市町を通じた防災や復興事業の推進の過程で大きな力を発揮することとなった。これらのことは、避難生活をしている人々からの信頼の取得という成果を上げ、その後の人々の協力を引き出すことに結びついたと考えられる。

　雲仙普賢岳の火山災害では、雲仙岳災害対策基金により、きめ細かな被災者支援が行われ、非常に大きな成果を上げた。その後、手法は異なるものの1993年北海道南西沖地震、1995年阪神・淡路大震災、2004年新潟県中越地震でも基金が設置された。しかし、2000年有珠山噴火や2000年三宅島噴火ではその必要性が指摘されながらも創設されていない。その大きな理由は、金融機関の金利の問題であって必要性が変わっているのではない。きめ細かで柔軟な被災者対策と支援を行うために、今後も基金設置の手法などを検討する必要がある。

2　復興計画 [1]

　島原市の復興計画の作成は、被災者や地域の意見を入れながら、基本方針、基本構想、基本計画の順に段階的に行われた。地元の合意形成を行う一方、

国や長崎県と調整を行って実行可能案を作成する手法が採用された。さらに、災害の長期化に伴う防災計画や復興計画の見直しが行われ、長期化を前提とした防災都市づくりや生活再建の計画が策定された。このように、この計画は十分な基礎調査に基づく基本方針を、地元の合意形成、防災・復興関連機関との連携・調整などを経て、具体的にまとめたものである。短期間の計画策定であったが、その内容は地元の意向を国・長崎県に伝える完成度の高いものとなっていたと評価できる。市や町のレベルの復興計画策定は、技術力、財源、事業主体などに限界があるが、地元の意思を伝えるために復興計画の策定は不可欠であると判断される。

　復興計画は復興の３本柱が同時併行で実施される内容となっていた。被災者対策が終わって、島原への関心が薄くなった段階では、地域の活性化に対して投資が行われにくいと判断されたためである。復興計画の必要性を関係者は十分認識していたため、策定はスムーズに行えた。また、完成度も高いものであった。

　1993年３月に公表された島原市復興計画の３本柱の構成は、阪神・淡路大震災の被災地神戸市および有珠山の火山災害被災地虻田町の復興計画でも採用された。災害を契機として地域の活力を元の水準以上にすることは困難であるが、戦略的に行えば有効に地域振興に活用できる。復興には戦略的なアイディアが必要でもある。復興計画の策定から地域住民と行政の協働による地域振興の取組みが始まった。地域住民、地元市町および国・県の役割分担が議論された。復興の主役は地域住民であり、地域のコミュニティであり、リーダーの存在であることを学んだ。また、復興に向けて関係者が知恵を絞り、方法を考えるステップから情報公開が進み、公助の限界や共助・自助の重要さも共通の認識となった。さらに復興に当たっては、まちづくりプランナーのようなきっかけ作り役や橋渡し役の存在が欠かせないことも学んだ。このような復興への取組みは、噴火終了後も火山都市国際会議の開催、ジオパークの申請と展開した。

3 災害復興における住宅および集落再建対策 [3)-5)]

雲仙普賢岳の火山災害における上木場地区と安中三角地帯の二つの地区の復興から以下のような教訓を得る。

(1) 住宅・集落再建プロセス

図9.1は両地区の再建のプロセスを整理したものである。両地区とも集落の上に火山噴出物が堆積し、災害前に住んでいた場所で住宅を再建することが不可能になった点は共通している。しかし、その後の復興はまったく異なる手法が取られた。上木場地区は砂防事業による全域移転であり、公的事業手法がなかった安中三角地帯は、土地の嵩上げという方法で被災地を再生させ、再度集落を再建する道を選択した。上木場地区の住民は新集落の形成を望み、安中三角地帯の住民は集落再生を目指したが、結果的に住宅は分散再建され、両地区とも集落再建の夢は消えた。

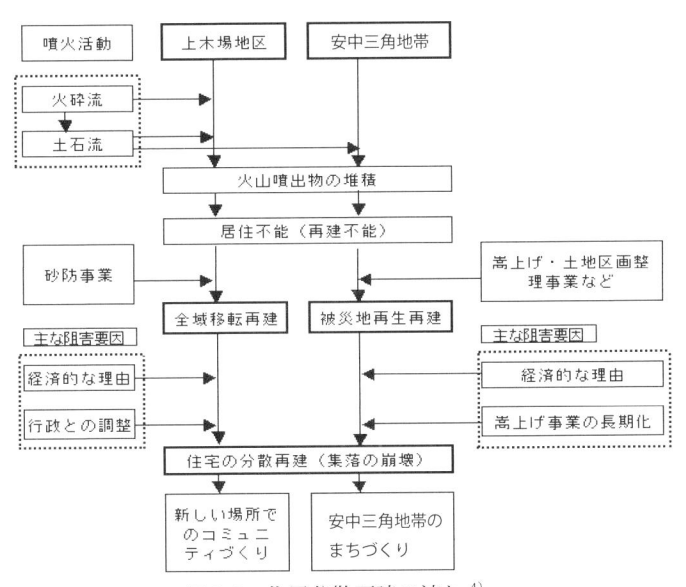

図9.1 住民分散再建の流れ [4)]

表9.1 集落再建阻害要因の比較[4]

地区		上木場地区	安中三角地帯
復興形態		集落再構築を指向	集落再生を指向
集落再建阻害要因	経済的課題	保有資産の大小が土地の売却費に関係したため再建費に差が生じた（経済的に比較的余裕のある人は、自由に再建地を求めることができた）。	災害対策基金からの再建助成、保険、嵩上げに伴う移転補償など、多くの人がある程度の再建資金を確保することができた。このため新たな再建地を求めて多数の住民が安中三角地帯外で住宅を再建。
	時間的課題	・災害の長期化を危惧したため集落形成よりも自宅の再建を優先させた人が多かったため.	・構想から事業完了まで8年、長期に及んだため独自に再建する人が増加した。
	行政的課題	・特に誘導などの措置なし。	・自主的な判断（被災地再建時の特別優遇措置なし）。

(2) 集落再建阻害要因の比較

表9.1は、両地区の阻害要因を経済的課題、時間的課題および行政的課題に分けて整理したものである。

a) 経済的課題

両地区とも当然経済的な課題があったものの、表9.1に示すようにその内容に差異があった。雲仙岳災害対策基金からの再建助成金などを除くと再建資金の相違は上木場地区の場合は土地の売却費であり、安中三角地帯は保険金や移転補償費である。そして再建資金の多少が再建地の選定に大きく影響した。比較的資金に余裕のあった世帯は再建の選択が広がり、資金にかなり制約があった世帯は廉価な団地などを選択するしかなかった。つまり個人の再建予算に応じて再建地が決定された。そのため、災害前のコミュニティを尊重した集団居住の考え方は重視されないまま住宅再建は分散型で進むこととなった。

集落を再構築するためには、全住民の歩調を合わせることが不可欠である。しかし、現実は資産の保有状態に差があることからお互いに遠慮が生じ、集落を再生しようという動きになりにくくなっていた。したがって、声を掛け合うこともなく、個別に再建が進められたのが実態であった。

b）時間的課題

　災害の長期化という時間的課題は住宅再建にも大きく影響し、分散再建の背後要因になっていると考えられる。集落再建の必要性は認識されても、家族の中に高齢者がいれば住宅再建は早期に実施される傾向が強くなる。このように、災害の長期化つまり復興事業の長期化は、集落再構築の重要性よりも個人の住宅の再建を優先させる。

　集落再建は今後の火山災害でも大きな課題になることが予想される。そして集落再建を実現するためには、事業の長期化対策が必要になる。つまり本格的な集落が再建できるまでの支援策の創設が是非とも必要である。

c）行政的課題

　集落再建は住民の意向に基づいて推進される必要があるが、これを実現するためには行政側の支援が不可欠である。上木場地区の場合、住民は何度も新集落の形成を行政に要請したが、被災エリアが拡大したこともあって、行政側が上木場地区の要望に応えるところまで至らなかったという経緯があった。この事例からも分かるように、住民側にいくら集団居住の希望があったとしても、行政側がこれに応えなければ、住宅再建は実現しないことになる。上木場地区のケースでも、行政側が的確に対処していればある程度、つまり希望者だけの集落は整備できたと考えられる。被災者は限られた再建地と再建予算を前に、集落再形成を執拗にこだわることができなかった。災害という異常事態のなか、本来であれば行政としてはコミュニティの重要性を住民に訴え、集団居住の必要性を強く説明するべきであった。

(3) 住宅・集落再建に向けての提言

　以下に2地区を比較し、共通する課題から今後の住宅・集落再建に向けた提言を記す。

a）復興関連事業の遅延などの影響を受けない生活再建対策の確立

　災害復興を被災または災害の影響を受けた人々の生活再建（住宅再建含む）と、被災地を含む一定地域の社会基盤整備に大きく区分するならば、前者については、災害から1日でも早く復興することが最も要求され、本来は何

よりも優先的に実施される必要がある。

 しかし、現実的には被災者などの生活再建は、後者の社会基盤整備事業などが何らかの原因（計画策定の熟考、事業手続きや合意形成時のトラブル、災害の長期化など）で遅延した場合、これらの影響を受けて同様に進展しないことが多い。その最大要因は、社会基盤整備事業などの復興関連事業の中に被災者などの生活再建対策（損失補償、私権調整、助成など）が組み込まれているためである。

 復興関連事業から生活再建に係わる部分を切り離し、これらを先行的に実施できればこの問題は改善されるが、その実現は容易ではない。しかし、既往事業手法を被災地などに適用する場合の諸手続きの簡略化（事業迅速化）、事業化に先立つ移転補償などの実施（雲仙岳災害対策基金などで仮払い、移転補償費の概算払い）などを含め、被災者などの生活再建をより一層重視し、その迅速化を今後早急に検討する必要がある。

(4) 集団移転制度の抜本的見直しの必要性

 災害発生当初、上木場地区は集団移転という言葉に飛びついた。しかし、現在の集団移転の制度は、災害の危険性がある地域や被災した地域の人々が、自力再建（再建資金の借入れが原則）によって移転を行う仕組みであり、被災者が負担なしで再建できる制度はない。このようなことが明らかになった時点で、上木場地区は集団移転を白紙に戻し、その後も集団移転アレルギー状態に陥った。

 この制度はその趣旨や社会情勢の変化から近年は適用事例が少なく、雲仙でも適用までに紆余曲折があり、最終的には砂防事業という損失補償を伴う公共事業の補填として人々に受け入れられた経緯がある。2005年福岡県西方沖地震で被災した玄界島の斜面地の住宅整備に小規模住宅地改良事業が採択された。この事業は福岡市によって実施された経験があり、適用のノウハウがあったからと言われている。また、2004年新潟県中越地震の被災地山古志村にも適用された。

 集団移転の適用事例が減少している背景には表9.2に示すような不都合な

表9.2 現行集団移転の課題（雲仙で問題となった点）[4]

項　目	現行制度の内容	不都合点
住宅団地の土地権利関係	借地が前提（分譲する場合，整備費が補助対象外となる）	土地（宅地）は自己所有という意向が強い
再建資金の助成	利子補給（借入が前提）	借入が困難な世帯（高齢，既負債世帯など）は，資金助成が受けられない

点が介在しているためと考えられ、今後被災地のみならず、国土防災（災害予防）対策として危険域からの集団移転を推進していくためには、同制度の抜本的見直しが必要と考えられる。

(5) 集落形成への十分な配慮

　災害の危険性や被災によって止むを得ず住み慣れたふるさとから移転することを決意した人々は、各世帯が納得できる再建条件で移転することはもちろん、さらに移転後も皆で集団生活を送ることを切望している。しかし、上木場地区の事例からも明らかなように、住宅（集団移転）対策の内容およびその進め方によっては、集落形成意志が低下し、個人の希望する場所に住宅を確保する人々が増してくる。

　潜在的に高い集落形成意志が、徐々に低下していく主な原因としては、
・住宅団地の位置に満足できない（人々は住み慣れたふるさとに近い場所、同じ学校区内、災害危険性の少ない場所などを希望する傾向にある）。
・住宅団地の宅地面積（住宅団地の宅地面積が従前の所有宅地面積に比べてかなり狭い場合、敬遠される傾向にある）。
・住宅団地の整備時期（集団移転事業が何らかの原因で遅延した場合、住宅団地の造成、引渡しまで待てないと判断されることが多い）などが考えられる。

　住宅団地以外に住宅再建する人々の多くは本来は皆と一緒に住みたいところを、止むを得ず個別に再建しているとみるべきである。また、災害発生混乱期は、被災者がコミュニティを意識できず、再建後に後悔する傾向があることから、行政が十分に説明・指導することが必要である。

今後の集団移転において住宅団地計画を検討するにあたっては、少なくとも位置選定および規模設定については、被災者などとの十分な協議の下で実施されるべきであり、そのほか集落形成への十分な配慮が必要である。

4　被災地の面的整備事業[11]

・住民が被災地に戻るための面的整備は、嵩上げ事業、土地区画整理事業および農地災害関連区画整備事業の早急な計画策定とほかの事業との調整が重要となってくる。また、事業制度の違いから、個別に事業が行われるため、大規模災害では災害復興の事業間の調整機能を発揮できるようにシステム化すべきである。

・災害の拡大・長期化によって新たな対策も生まれて来るので、弾力的な対応が必要である。将来の恒久的な対策と接続できる対策は噴火中でも取り組むべきである。

・まちづくり計画であった安中・夢計画は復興計画に当初から必要な計画であった。途中で気がついて住民発案の計画として、行政が行う計画に反映させる努力がなされたが、復興基幹事業がすでに動いていたので、見直しはなされなかった。安中・夢計画の策定の後に動き出した砂防指定地の利活用および島原市都市計画マスタープランに住民の要望や地域別計画の中に位置付けられた。しかし、追加事項のために整備に時間を要した。このため、事業計画段階から歩行者動線計画、集落施設などの賑わいの場の整備、植栽配置計画、生活関連施設の整備計画などの策定が必要である。環境や利便性を含めた検討を行うには、地図に全体構想をまとめることや立体模型の制作などが必要と考えられる。

・計画策定時から復興事業、災害復旧事業を面的整備の面から捉える必要があるため、雲仙岳災害復興室のような組織に設置時から都市計画担当者、まちづくり担当者を配置しておく必要がある。あるいは、まちづくりアドバイザーを派遣するシステムを考えておく必要がある。

・一体的復興の取組みには、復興計画の策定段階から将来的なまちづくりに

ついて、雲仙岳災害復興室のような組織が調整する場を設けて、個々の事業がバラバラにならないようにする必要がある。調整によって、地域分断要因の解消、必要な生活基盤や生活環境を整えていくこと、将来的な農地の利用方法、島原市の基幹産業である農業再開の支援や農業者の育成について具体的な検討が可能である。

5 砂防指定地の利活用[17]

　砂防指定地の利活用はその後の砂防指定地外における災害遺構の保存や火山学習体験施設の整備のきっかけとなり、地域振興にも役立った。このような砂防指定地の利活用の効果は、防災事業の費用対効果の計測に加えるべき要素となりうる。雲仙普賢岳における前例がない計画的な砂防指定地の利活用は砂防事業にとっても重要であることから、雲仙普賢岳での取組みをモデルケースとして再評価を行うとともに、砂防指定地の利活用をマニュアル化し、ほかの地域でも砂防指定地の利活用ができるシステムにすべきである。

・砂防指定地は防災事業のために、公共買収した公有地である。したがって、砂防指定地の利活用に当たっては、利活用に伴う利用料金の徴収や利益は想定されていない。つまり、砂防指定地の管理規則では、利活用に生産活動による収益は想定されていない。しかし、植樹やスポーツグラウンドに利活用するためには、除草、施肥などの日常的な管理を伴う。地域住民が利活用をしているため、町内会などの活動で管理は可能である。しかし、継続的な活動をするには、清掃用具、農機具、弁当代などの活動費が必要である。その解決法の一つとして、砂防指定地内において牧草、薬草、お茶、はぜなどの植栽による生産販売による収益を公益的な使途目的に限って認めて、収益を町内会などの活動費に使用できるように、砂防指定地内の管理規則を一部緩和することも検討すべきである。あるいは、砂防指定地の利活用部分の維持管理業務を地元のNPOなどに委託できるような制度も必要であろう。

・現在の砂防法では、土砂の氾濫を助長するような工作物を設置することは認めていない。したがって、砂防指定地の利活用は土石流の発生状況を把握

しながら、その利活用の時期と場所を設定せざるを得ないという制約を持つ。砂防指定地は防災事業用地であるから当然である。しかし、砂防指定地の利活用に当たっては、その管理や固有財産の取扱い上の法的課題も検討しておく必要がある。

　砂防指定地を利活用することは、地域住民が防災施設に関心を持つためにも、また砂防や火山の学習体験、防災教育の場、ひいては火山観光の場としても重要である。さらに、地域住民と行政が協働した公共事業の見本となる内容を持っている。防災事業の費用対効果の向上、防災施設の必要性の説明、住民参加のあり方、地域と一体となった防災施設の維持管理などのあり方にも関係している。本書をきっかけにさらに砂防指定地の利活用の議論がなされ、島原市のみならず、全国の砂防指定地で利活用されることを期待する。

6　火山観光化の推進 [11]

　アンケート調査とその分析から得られた提言を行う。
・火山災害で被災した地域では、火山とつきあう、火山との共生が復興を行う重要なキーワードとなるので、火山災害を逆手にとった火山観光などの実施が可能である。島原で行っている平成新山フィールドミュージアム構想のような取組みは、火山観光ネットワーク化で必要な整備を行うことを、復興計画策定段階から検討することが地域の一体的復興につながる。
・平成新山フィールドミュージアム構想では、平成新山の景観も観光資源となり得るため、景観に配慮した施設整備が求められる。火山観光化を目的に整備された火山災害学習体験施設と同様に、道路、河川、砂防施設などの社会基盤施設も景観に配慮しなければならない。
・地域に分散している火山災害遺構、火山災害学習体験施設などは、地域の復興の際に貴重な観光資源となるため、復興計画策定段階から交通アクセスなどを検討して、ネットワーク整備をしておく必要がある。特に、観光案内板は統一されたもので観光客にも分かりやすく整備する必要がある。
・道路整備によって交通アクセスを改善することは重要なことであるが、道

路整備だけでは地域振興は改善しない。観光客を受け入れる体制の整備、観光地に来てからの適切な観光案内システムなど復興してからの取組みを地域で考えなければならない。
・自然災害による被災者対策で困難な対象として商工業が挙げられる。観光客の減少、買い物控え、人口の減少などで売上げの減少が発生し、従業員の解雇などのリスクが発生する。商工業対策としては、資金の貸付、利子の減免が直接的な対策である。観光客の回復策としては、観光キャンペーン、商店街の環境整備支援、イベントの開催などが一般的である。災害の長期化で雲仙普賢岳の火山災害の70％は商工業被害が占めた。したがって、がまだす計画では、火山観光化で地域の活性化を図る対策が復興の重点事項となり、各種の火山や災害の学習体験施設が整備された。観光客の誘致に一定の効果を挙げたことは評価される。
・火山観光の柱は、雲仙普賢岳の山頂に観光客が登山できることであろうが、警戒区域に含まれていることと、国の天然記念物に指定されているので、人工的な落石防止工事や避難施設の整備は考えられない。したがって、観光客が平成新山に登頂することは想定されない。一方、火山災害学習体験施設はあくまでも繋ぎの施設で、雲仙岳災害記念館の展示内容の更新は難しい。土石流被災家屋の屋外部分の劣化も目立つ。火山災害の復興をアピールする企画も通用しなくなっている。火山観光という新しい恵みと従来からの島原の強みをいかに連携するかが課題である。農業との連携、温泉・湧水との組合せなどを検討する時期に来ている。
・火山や火山災害学習体験施設が島原では4箇所整備された。このほか、規模は小さいものの類似施設が整備された。整備計画の段階から配置場所、設置目的、役割分担されたものではない。平成新山ネイチャーセンターや大野木場砂防みらい館の整備から、二重投資を避ける意味からの調整が図られた程度である。それぞれの施設の準備に当たって、関係者間の協力、役割分担があればそれぞれの施設はより魅力的で、個性を発揮できたはずである。また、点在する施設のネットワークも当初は考えられていなかった。施設の完成後に平成新山フィールドミュージアム構想で検討され、統一案内板の設置、

ガイドブックの作成などがなされたが、十分な連携は無理であった。計画段階からの配置計画、役割分担を検討することが必要と思われる。
・島原地域で整備された火山や災害の学習体験施設、災害遺構、モニュメントなどは火山災害が島原に残した大きな資産である。これらを有効的に活用し、維持管理できる体制を築く時期に来ている。大野木場砂防みらい館を国内外の砂防学習やトレーニングの拠点にすること、雲仙岳災害記念館を集客施設のみならず、火山・地質学習の専門職員を配置して火山と湧水、地質などの島原半島ジオパークの拠点にすること、雲仙岳災害記念館に来た個人旅行客を対象にした島原市内の観光案内のコーナーを設けて、ボランティアと連携した観光案内説明、観光コースの設定、車による案内などのきめ細かい対応も望まれる。また、雲仙岳災害記念館がある平成町は公有地であり、近接する復興した安中三角地帯とはまったく交流がない。生活感のない一時立寄りの場になっている。安中地区と連携した取組みも必要で、農地の活用、足湯などの場も考えられる。
・火砕流や土石流、火山灰で荒廃した被災地のみどりの復元のために、治山による播種から地元の高校生、ボランティア、観光団体による記念植樹、砂防指定地の利活用による植樹活動がなされた。また、ビオトープ活動もなされたが、雑草やかずらの繁茂によって植樹のみでは、せっかく植えた木が成木にならないことが判明した。10年間程度にわたって、除草や施肥が必要で、これらの条件を備えないと植樹は成り立たない。最近植樹から育樹になっており、当然の流れといえよう。当初、観光客が植えた1本、1本の木に名前を付けて、大きくなった木をまた見に来てもらおうとする発想がこの植樹活動の原点になっている。平成新山フィールドミュージアム構想では、1本、1本ではなく、ブロック単位で植樹してもらい、管理費を徴収する企画をしたが、手を挙げる観光客のグループはなかった。

7 火山災害と市民・災害伝承

(1) 復興は住民が主役

　雲仙普賢岳の火山災害を通じて、災害復興の主役は地域住民であることを再確認した。安中三角地帯の嵩上げなどの住民発案の復興を行政が支援して実現したが、用地への協力など住民の協力が早期の復興を可能にした。きめ細かい避難対策や生活支援が復興の意欲を引き起こさせたことも指摘のとおりである。また、地域をまとめてアイディアを出し、主体的に活動するリーダーの存在も大きい。近年の災害でも 1997 年出水市土石流災害、2003 年水俣市土石流災害、2005 年福岡県西方沖地震における玄界島も同じである。行政依存のリーダー、批評家のむなしさを強く感じた。

(2) 災害意識の伝承

　雲仙普賢岳の火山災害は発生頻度が低く、特に火砕流が起こるような災害は 4,000 年に 1 回程度と想定されている。今回の災害の教訓を活かすには、島原だけの対応は無理で、日本の火山を持つ地域や世界の火山地域との連携が必要である。火山市民ネットワークや第 5 回火山都市国際会議を通じて、体験の共有、火山対策の進化を図っていく必要がある。島原半島ジオパークに取り組むことは必要である。

(3) 避難計画などの維持

　島原地域では、噴火終了の 10 年後でも土石流、火砕流に対する警戒心は風化していない。2007 年 12 月の山火事にも敏感に反応した。また、地震による眉山の崩壊、溶岩ドームの崩壊のおそれがある。災害時に整備された日本最高レベルの防災システムの一部を確実に維持、活用していくことが必要である。また、自主防災活動の見直し、光波測量による溶岩ドームの監視情報を防災工事のみならず、住民向けに活用していくことが必要である。

(4) 火山を抱える都市との交流

　火山災害の発生頻度が雲仙普賢岳のようにきわめて小さい場合に、火山災害の教訓や災害体験を次世代に伝えるには、特定の火山周辺だけの取組みには限界がある。しかし、日本には 108 の火山があり、毎年のように火山の異常現象が発生している。また、有珠山のように噴火の発生頻度が高い火山もある。また、外国にも火山があり、火山噴火が発生している。このように、国内外にまで視野を広げれば、毎年のように火山噴火が発生していると言っても過言でない。したがって、火山を抱える国内外の都市とのネットワークが火山災害の教訓の継承や火山災害対策の進化に有効であることが指摘できる。したがって、現在の雲仙普賢岳や三宅島の火山関係者が参加した火山市民ネットワークの存続や 2007 年 11 月に島原市で開催された第 5 回火山都市国際会議のような研究者だけでなく、行政関係者や市民が参加した国際会議に火山を抱える都市から市民が参加する取組みをすることが望まれる。

(5) 被災者生活支援法の火山版の必要性

　被災者生活再建支援法が改正されて、個人の生活再建の重要な柱である住宅再建に対する公的支援システムが確立してきた。しかし、火山噴火による被災では、住宅に加えて、宅地が滅失する場合もあり得る。このような場合にも生活再建支援ができる方策が火山災害の場合に必要である。

(6) 島原で育った市民、行政関係者、報道機関関係者、研究者のネットワーク

　島原では、災害対策や災害復興を通じて市民、行政関係者、報道機関関係者、研究者のネットワークが育ち、折に触れて集まるシステムができている。これらのネットワークは、ほかの地域の災害支援、第 5 回火山都市国際会議の開催に大きな役割を果たした。このネットワークが立ち消えになるおそれがあったが、島原半島ジオパークの取組みによって継続できる目処がついた。ジオパークでは火山や防災が柱になっており、これまでのネットワークがその中核となることが期待されている。火山災害だけでなく、地質、温泉、歴史・民話などと連携して、ネットワークが継続できることを期待する。ま

た、雲仙普賢岳の火山災害当時の人材が高齢化し、世代交代を迎えているので、次世代の人材の掘起こしや既存の町内会や学校教育との連携が必要である。島原の火山災害に携わったキーマンたちが語り部や災害体験の取りまとめに今後も携わることも一つの義務である。

(7) 災害資料の保存と活用

　雲仙普賢岳の火山災害による災害遺構は、火砕流で被災した旧大野木場小学校被災校舎、土石流被災家屋保存公園、農業研修所跡地などが現地保存され、火山災害の学習体験施設として活用されている。このほか、災害対策や復興対策の資料、新聞記事、映像、写真、調査報告書・文献が散逸しないうちに系統的に収集・保存し、電子化しておくことが懸案の課題である。しかし、具体化の目処はついていない。拠点となる図書館などのスペースの確保と体制の整備を早急に検討して実現を目指すことが必要である。

参考文献

1) 内閣府中央防災会議災害教訓の継承に関する専門調査会：1990-1995雲仙普賢岳噴火報告書，全214頁，2007.3.
2) 高橋和雄：雲仙火山災害における防災対策と復興対策－火山工学の確立を目指して－，九州大学出版会，全580頁，2000.2.
3) 木村拓郎，高橋和雄：火山災害復興における住宅，集落再建に関する調査研究－島原市上木場地区をケースに，自然災害科学，Vol.23，No.2，pp.229-244，2004.
4) 木村拓郎，高橋和雄，永野智文，入山寛：災害復興における住宅及び集落再建対策の課題，土木構造材料論文集，第21号，pp.119-127，2005.
5) 木村拓郎，高橋和雄：島原市安中三角地帯嵩上げ事業に関する住民の合意形成過程に関する調査研究，土木学会論文集，No.278/Ⅳ-67，pp.145-155，2005.
6) 厚生省社会・援護局保護課監修「災害救助の実務－平成8年版－」第一法規，pp.176-190，1996.3.
7) 島原市：島原市復興計画，全226頁，1993.3.
8) 木村拓郎：雲仙・普賢岳火山災害の復興－安中三角地帯嵩上事業の記録－　砂防学会誌，Vol.52，No.2，pp.44-53，1999.
9) 高橋和雄，木村拓郎，西村寛史：島原市安中三角地帯嵩上げ事業と被災者の生活再建に関する調査，土木学会論文集，No.644/Ⅵ-46，pp.25-39，2000
10) 特定非営利法人島原普賢会：雲仙・普賢岳火山災害を体験して，全132頁，2000.8.
11) 其田智洋，高橋和雄，末吉龍也，中村聖三：島原市安中三角地帯の一体的整備の課題と住民の住環境評価，土木構造・材料論文集，第21号，pp.111-118，2005.
12) 島原市：島原南部地区土地区画整理事業調査A報告書－概要版－，全28頁，1992.3.
13) 島原地域再生行動計画策定委員会事務局 長崎県，島原市，南高来郡町村会：島原地域再生行動計画，全133頁，1997.5.
14) 長崎県災害対策本部：雲仙・普賢岳火山災害の記録（平成3年度－平成4年度），pp.231-242,1993.12.
15) 雲仙普賢岳砂防指定地利活用方策検討委員会：雲仙普賢岳砂防指定地利活用構想報告，全39頁,1997.5.
16) 島原市：島原市都市計画マスタープラン，全95頁,1998.3.
17) 其田智洋，高橋和雄，末吉龍也，中村聖三：火山災害で被災した雲仙における砂防指定地の利活用に関する調査，自然災害科学，Vol.24，No.4，pp.423-445，2006.

18) 島原市災害復興課：島原市復興計画 改訂版, 全161頁, 1995.3.
19) 深江町企画課復興室：深江町復興計画, 全153頁, 1993.5.
20) 長崎県雲仙岳災害復興室：雲仙岳災害・島原半島復興振興計画 新・しまばら創造へのみち, 全195頁, 1993.12.
21) 長崎県火山観光資源化調査検討委員会：火山観光化推進基本構想, 全156頁, 1995.3.
22) 木村拓郎, 高橋和雄, 井口敬介, 中村聖三：島原地域の復興・振興の現状と課題に関する市民の反応調査, 自然災害科学, Vol. 22, No. 4, pp.387-401, 2004.3.
23) 高橋和雄, 其田智洋, 中村聖三, 井口敬介：復興期における深江町の復興・振興の現状と課題に関する町民の反応に関する調査, 長崎大学工学部研究報告, 第34巻, 第62号, pp.111-117, 2004.1.
24) 長崎県・深江町：第3次深江町総合計画, 全160頁, 1998.3.
25) 平成新山フィールドミュージアム構想推進会議：平成新山フィールドミュージアム構想実施計画書, 全16頁, 2003.
26) 其田智洋, 高橋和雄, 末吉龍也, 中村聖三：島原地域の火山災害学習施設を利用した火山観光の推進と観光客の動態に関する調査, 自然災害科学, Vol.25, No.2, pp.197-219, 2006.
27) （社）土木学会土構造物および基礎委員会・火山工学研究小委員会：火山とつきあう, （社）土木学会, 全110頁, 1995.9.
28) http://www.udmh.or.jp/
29) http://www.shimabara.jp/mizunashi/
30) http://www.qsr.mlit.go.jp/unzen/
31) http://www12.ocn.ne.jp/~hnc/
32) （財）雲仙岳災害記念財団：平成新山フィールドミュージアムガイドブック, 全100頁, 2003.
33) 長崎県地域振興部観光課：長崎県観光統計平成16年（1月－12月）, 全60頁, 2005.11.
34) 長崎県県民生活部統計課：長崎県統計年鑑（平成元年－平成15年）.
35) （財）雲仙岳災害記念財団：平成16年度平成新山フィールドミュージアム構想実施事業報告書, 全44頁, 2005.3.
36) 木村拓郎, 高橋和雄, 井口敬介, 中村聖三：島原地域の振興・復興の現状と課題に関する市民の反応調査, 自然災害科学, Vol.22, No.4, pp.387-404, 2004.
37) 木村拓郎, 高橋和雄, 井口敬介, 中村聖三：噴火終息後における島原市民の地域防災力に関するアンケート調査, 自然災害科学, Vol.23, No.1, pp.403-415, 2004.
38) 長崎企画課：第5次島原市勢振興計画, 全140頁, 1995.4.
39) 島原市企画課：1985島原市勢振興計画, 全154頁, 1985.5.

おわりに

　本書は、1990 − 1995 年雲仙普賢岳の火山災害の復興開始期から復興終了までの間、必要に迫られて対応した地域および行政の取組みをまとめたものである。火山災害の発生期の災害応急対策から復興計画の策定までについては、拙著「雲仙火山災害と復興対策」（2000 年、九州大学出版会）に詳しく触れており、本書はその続編に当たる。本書とセットで活用いただけたらと考えている。これらの本が地域全体に影響を及ぼし、復興が困難な火山災害の復興を考える場合の参考になり、火山災害対策のシステム化に役立つことを期待している。

　内閣府がまとめた 1998 年から 2007 年までの 10 年間の統計によれば、自然災害による死者は総計 1,192 人のうち、被災の内訳で見ると火山 0 人（0.0%）である。内閣府は 2007 年に自然災害の「犠牲者ゼロ」を目指す取組みとして、実際に直面する可能性の高い自然災害による被災事例について必要な対策をまとめた。火山噴火では、どのような対応をとったらよいかわからず自宅にとどまっていたお年寄りが、火砕流等により死亡したと想定した事例に対して、次の施策を示した。すなわち、被害に遭う前に逃げられるような噴火時の避難体制の指針策定、噴火時の避難体制に対応した噴火警報の改善、防災行政無線を活用した緊急情報伝達の充実である。火山災害については、新たな技術開発やハード対策が提案されていない。

　このように火山噴火に対する焦眉の課題が地震や風水害と比べて少ないのは、近年の火山噴火の規模が小さいことによる。火山災害に対して我が国の災害予防、災害応急および復旧・復興対策が完備しているわけではない。東京大学地震研究所藤井敏嗣教授が指摘するように現在は火山噴火の静穏期に当たっているためで、火山噴火の歴史が教えるように、今後規模の大きい火山噴火が発生する可能性は十分にある。

　雲仙普賢岳の火山災害からの復興を見て、著者らは次のような感想を持つ。

① 手がつけられないような甚大な被害から手掛りをつかんで立ち上がる人間のすばらしさ。
② 災害復興の主役は紛れもなく地域住民であること。
③ 工夫をし、挑戦すれば成し遂げることができること。
④ 復興にはアイディアが必要なこと。
⑤ 面的な整備事業の充実が不可欠なこと。
⑥ 弾力的な事業の推進が必要であること。
⑦ 事業間の調整能力が必要であること。また、コーディネートできる人材が地域にも行政内にも必要であること。

　雲仙普賢岳の火山災害の対策から復興まで概観すると、アイディアを出す人、シナリオを作る人、システムにする人、リーダーを発掘する人、地域をまとめる人、説得する人など多くの仕掛け人がいた。彼らによって、行政が動きやすい形に計画がまとめられたことも多々あった。これらを体系的にまとめてシステムとすることが次のステップである。既に本書で取り扱った復興に関する内容は、1995年阪神・淡路大震災、2000年有珠山噴火などにおいて、よりシステム化された。また、近年設立された日本災害情報学会や日本災害復興学会の活動で、本格的に議論されている。火山災害対策については雲仙の対策は、岩手山の火山対策、2000年有珠山噴火、富士山ハザードマップの作成などで活用された。また、土木学会では火山工学研究小委員会を設けて火山工学を提案し、その内容を検討してきた。これまでに到達した成果を2009年7月に「火山工学入門」（土木学会発行）として刊行した。
　本書をまとめるに当たって、資料収集、アンケート調査およびヒアリング調査に多くの関係者の協力を得た。島原市杉本伸一氏、（財）砂防・地すべり技術センター松井宗廣氏、国土交通省雲仙復興事務所および雲仙岳災害記念館に写真の提供の協力を得た。また、本書の執筆に当たっては、高橋弘子さん、藤尾智鶴子さんの全面的な支援を受けた。ここに、記して厚くお礼を申し上げる。

著者紹介

高橋和雄　たかはしかずお

長崎大学工学部社会開発工学科教授。1945年大分県生まれ。九州大学工学部卒業。長崎大学工学部助手を経て現職。専門は構造振動学。日本災害情報学会理事、日本災害復興学会理事、日本自然災害学会評議員、土木学会火山工学小委員会委員長。
主な著書に、「クルマ社会と水害」（共著、九州大学出版会）、「雲仙火山災害と復興対策」（単著、九州大学出版会）、「大災害来襲－防げ国土崩壊－」（共著、アドスリー）、「豪雨と斜面都市－1982長崎豪雨災害－」（単著、古今書院）、「構造力学公式集」（共著、土木学会）、「土木技術者のための振動便覧」（共著、土木学会）、「土木工学ハンドブック」（共著、土木学会）、「機械工学用語辞典」（共著、理工学社）、「水文・水資源ハンドブック（水文・水資源編）」（共著、朝倉書店）、「土木大用語辞典」（共著、技報堂出版）など。1996年　日本自然災害学会学術賞、2001年　土木学会出版文化賞、2008年　平成20年度科学技術賞（理解増進部門）、2008年　平成20年度防災功労者防災担当大臣表彰。

木村拓郎　きむらたくろう

(株)社会安全研究所長。1949年宮城県生まれ。東北工業大学建築学科卒業、東京大学大学院社会学研究科修士課程修了、長崎大学大学院生産科学研究科博士後期課程修了。専門は災害社会学。日本災害復興学会理事、日本災害情報学会理事。
主な著書に『大天災読本』（共著、朝日新聞社）、『地震に備えよ』（共著、住宅新報社）、『阪神・淡路大震災被災地"神戸の記録』（共著、ぎょうせい）、『災害対応の実践』（共著、日本技能教育開発センター）、『災害復興ガイド』（共著、クリエイツかもがわ）、『災害時のヘルスプロモーション』（共著、荘道社）、『いのちとこころを救う災害看護』（共著、学研）、『災害看護』（共著、南山堂）、『災害危機管理論入門』（共著、弘文堂）、『社会調査でみる災害復興－帰島後4年間の調査が語る三宅帰島民の現実－』（共著、弘文堂）など。2005年　日本自然災害学会学術賞受賞。

シリーズ繰り返す自然災害を知る・防ぐ　第3巻

書　名	火山災害復興と社会
	－平成の雲仙普賢岳噴火－
コード	ISBN978-4-7722-4133-5　C3344
発行日	2009年11月1日初版第1刷発行
著　者	高橋和雄・木村拓郎
	Copyright © 2009　TAKAHASHI Kazuo & KIMURA Takuro
発行者	株式会社古今書院　橋本寿資
印刷所	株式会社カシヨ
製本所	株式会社カシヨ
発行所	古今書院
	〒101-0062　東京都千代田区神田駿河台2-10
電　話	03-3291-2757
ＦＡＸ	03-3233-0303
振　替	00100-8-35340
ホームページ	http://www.kokon.co.jp/

検印省略・Printed in Japan

古今書院の関連図書　ご案内

シリーズ日本の歴史災害　全6巻

このシリーズの特色は次の4点。1 当時の日記や記録を掘り起こし、2 実際の災害のようすを被災者の視線で紹介　3 災害の専門家による自然災害の解説　4 過去の大災害から貴重な教訓を引き出し学べること。各巻　A5判上製　定価3150円

第1巻 昭和二年 北丹後地震　　　　　鎌田文雄著

副題に家屋の倒壊と火砕の連鎖と題した。京都府の北、天の橋立で有名な丹後地方に起こった凄惨極まりない地震被害の記録をいくつもの資料、当時の新聞記事や、子どもの作文で、被災の心理状況まで伝える震災の凄まじさ。

第2巻 十津川水害と北海道移住　　鎌田文雄・小林芳正著

明治22年8月奈良県吉野地方は記録的な豪雨に襲われた。山地斜面の崩壊、崩壊土砂による河川の閉塞、天然ダムの発生と決壊、土石流による人家の埋没。こうした災害の記録は郡役所が全11巻の吉野郡水災誌にまとめた。

第3巻 濃尾震災　　　　　　　　　　村松郁栄著

明治24年10月28日朝、北は仙台、南は鹿児島まで震動が感じられ、震源に近い岐阜県、愛知県は多くの死傷者、倒壊家屋、火災地変が生じた。一ヶ月後東京帝国大学総長から各県知事あてに24項目のアンケート調査が行われた。

第4巻 磐梯山爆発　　　　　　　　　米地文夫著

著者の長年の磐梯山研究かつ、地元資料の活用により、その謎をとく。1 磐梯山明治21年噴火の意義と謎、2 新しい見方、3 磐梯山頂からの生還者鶴見良尊は何を見たのか、4 東麓長坂で何が起こったのか、噴火が社会に与えた影響。

第5巻 手記で読む関東大震災　　　　武村雅之著

下町の若いおかみさんの日記、被災地から少し離れた富士宮市で肉親の安否を気遣う住民の日記、当時東大助教授で震災予防調査会の今村明恒の調査記録の3つを収録する。あの関東大震災が実際に引き起こした事態とは一体何か。

第6巻 昭和二八年 有田川水害　　　藤田崇・諏訪浩編

高野山の近く和歌山県花園では、役場のあった北寺背後の斜面が滑落し、集落は崩壊土砂で完全に埋没し、生存者がほぼ全滅。昭和28年の梅雨前線による豪雨が西日本各地にもたらしたのは、河川氾濫や地すべり、斜面崩壊、土石流災害であった。